JOACHIM SCHNEIDER

Außergewöhnliche
Museen am Niederrhein

**Ein Ausflugsführer für
die ganze Familie**

SUTTON FREIZEIT

Inhalt

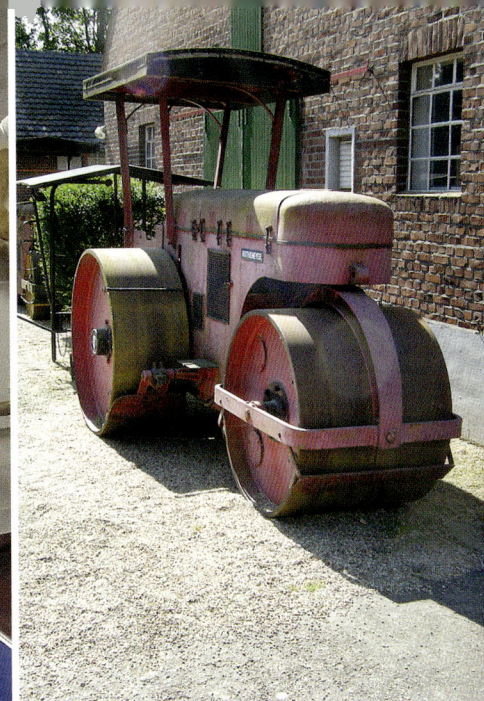

Museen am Niederrhein

Wahre Schatztruhen mit außergewöhnlichen Sammlungen

Der Niederrhein verfügt über eine vielseitige und abwechslungsreiche Museumslandschaft. Außergewöhnliche Sammlungen machen die großen wie die kleinen Museen der Region zu wahren Schatztruhen. Die Vielfalt der niederrheinischen Museen zeigt sich nicht nur in den zahlreichen sehenswerten Heimatmuseen, sondern vor allem auch in den Sammlungen zu ausgefallenen Themen wie einem Radiomuseum in Duisburg, einem Waschmaschinenmuseum in Mönchengladbach, einem Traktorenmuseum in Sonsbeck und einem Gefängnismuseum in Willich.

Wie die Menschen am Niederrhein früher lebten, demonstriert besonders eindrucksvoll das Niederrheinische Freilichtmuseum in Grefrath mit seinen translozierten Hofanlagen und einem gut bestückten Spielzeugmuseum. An die harte Arbeitswelt der Bergleute erinnern das Besucherbergwerk Schacht 3 in Hückelhoven, das Haus des Bergmanns in Kamp-Lintfort und die Rheinhauser Bergbausammlung. Aber auch die Natur fehlt nicht: Ein Wildpark in Gangelt, das Museum Mensch und Jagd in der Burg Brüggen und das Bienenmuseum in Duisburg sind einen Besuch wert. Und natürlich dürfen im Rheinland auch ein Schützenmuseum wie in Neuss und ein Karnevalsmuseum wie in Duisburg nicht fehlen.

*Museales Schaustellerstück: Die begehbare
Achterbahn in Duisburg.*

Es lohnt sich also, im Land zwischen Rhein und Maas auf Entdeckertour
zu gehen. Für den Besuch eines der 40 Museen am Niederrhein kann
Joachim Schneiders Buch »Außergewöhnliche Museen am Niederrhein«
ein wertvoller Ansporn und ausgesprochen hilfreicher Ratgeber sein. Alle
genannten und viele weitere kleine und oft nur wenig bekannte Museen
sind in diesem Buch beschrieben.
Ich wünsche allen Leserinnen und Lesern eine spannende Lektüre und
viele lohnende Museumsbesuche bei uns am schönen Niederrhein.

Martina Baumgärtner
Geschäftsführerin der Niederrhein Tourismus GmbH

Vorwort

Liebe Leser,

wie kommt man dazu, ein Buch über außergewöhnliche Museen am Niederrhein zu schreiben? Diese Frage ist nicht so einfach zu beantworten – es gibt mehrere Aspekte, warum dieses Buch entstanden ist.
Ich habe mit meinem Sohn, er ist heute 21 Jahre alt, schon viele Museen, speziell im Ruhrgebiet, besucht (Technische Museen der Route der Industriekultur, Dampfeisenbahnen, Museum der Binnenschifffahrt, Oscar Huber, Eisenbahnmuseum Dahlhausen, um nur einige zu nennen). Diese Museen werden überregional beworben und locken viele Besucher an.

Die kleinen Museen haben nahezu keine Lobby und sind oft nur lokal bekannt, meiner Meinung nach zu Unrecht. Sie werden zumeist nur von ehrenamtlichen Kräften oder Vereinen betrieben, oftmals ohne öffentliche Zuschüsse und Unterstützung. Das hat in mir den Ehrgeiz geweckt, diese Museen für dieses Buch zu gewinnen und zum Mitmachen zu bewegen, um sie einem breiten Publikum bekannt zu machen. Einige hatten die Befürchtung, dass sie hierfür etwas bezahlen müssten, das ist absolut nicht der Fall. Ich habe über 50 Museen angeschrieben, nahezu zwei Drittel haben spontan zugesagt. Ich habe viele Personen kennengelernt, die zum Teil seit Jahrzehnten ihr Museum mit aufgebaut, ausgestattet und betreut haben. Die meisten Museen haben nur am Wochenende geöffnet – und die ehrenamtlichen Helfer erledigen ihre Aufgaben in den Museen mit viel Herzblut.
Sie werden erstaunt sein, welche Unikate in diesen kleinen Museen besichtigt und bewundert werden können (alte Mammutknochen,

Gebrauchskeramiken aus dem 18. Jahrhundert, Bergwerkszubehör, alte Radios, Mühlenmodelle, Gemälde, Landmaschinen, Traktoren und und und ...). Viele Museen kosten keinen Eintritt, würden sich aber über eine kleine Spende freuen.

Ein wichtiger Hinweis: Alle Termine und Uhrzeiten geben den Stand vom Februar 2016 an, bitte werfen Sie vor einem Besuch einen kurzen Blick auf die Internetseite des Museums, ob sich kurzfristige Änderungen oder Ergänzungen ergeben haben. Einige Museen haben nur an einem Tag in der Woche oder im Monat geöffnet, bei vielen ist eine Voranmeldung notwendig.

Ich wünsche Ihnen viel Spaß beim Besuch der Museen.

Joachim Schneider

Außergewöhnliche Museen am Niederrhein

1 Geologisches Museum im Schwanenturm Kleve

Wohl gehütete Schätze der Eiszeit

In der umfassenden geologischen Sammlung im Schwanenturm Kleve geben Mineralien und Fossilien Auskunft über die vorgeschichtliche Fauna und Flora. Ein faszinierender Streifzug in eiszeitliche Gefilde beginnt.

Adresse
Schloßberg 1, 47533 Kleve
Kontakt
Telefon: 02821/22 884
E-Mail: schnuetgen.evers@online.de
Ansprechpartner: Frau Wiltrud Schnütgen
Öffnungszeiten
1. April bis 31. Oktober: täglich von 11.00 bis 17.00 Uhr, 1. November 31. März: Samstag und Sonntag von 11.00 bis 17.00 Uhr oder nach Vereinbarung unter 02821/22 884, Führungen unter 02821/12 893 oder schwanenturm@gmx.de
Eintritt
Erwachsene € 3,00, Studenten € 1,00, Schüler € 0,50, Gruppen ab 5 Personen à € 2,00, Familienkarte € 6,00.
Weitere Informationen
www.klevischer-verein.de

Der Klevische Verein für Kultur und Geschichte/Freunde der Schwanenburg e.V. betreibt seit den 1960er-Jahren das geologische Museum im Schwanenturm Kleve. Die geologische Sammlung umfasst Gesteine und Fossilien (z.B. einen Mammutschädel) vom europäischen Niederrhein, informiert über die eiszeitlichen Geschiebe der Rheinebene, über Stauchmoränenwellen und vieles mehr. Die Sammlung wird auf vier Etagen präsentiert, auf der obersten Ebene hat man einen herrlichen Panoramablick auf die Stadt Kleve und Umgebung. Die Schwanenburg selbst ist Geschichte pur: Hier wohnten früher die Herzöge des Herzogtums Kleve, heute sind dort das Amtsgericht und das Landgericht sowie im Schwanenturm das Geologische Museum untergebracht.

Tipp

Direkt an der Schwanenburg beginnt die Klever Innenstadt mit vielen Geschäften und Restaurants. Besonders interessant sind die Stifts- und Probsteikirche St. Mariä Himmelfahrt sowie der 1986 erschaffene Lohengrinbrunnen.

Blick auf die Schwanenburg.

Ziemlich groß und sehr alt – ein Mammutschädel.

2 Rheinmuseum Emmerich

Mit dem Schiff Rhein auf und Rhein ab

Schiffe waren schon immer ein wichtiges Transportmittel auf dem Rhein. Ihre individuellen Bauweisen und Besonderheiten können anhand von originalgetreuen Modellen im Rheinmuseum Emmerich bestaunt werden.

Adresse
Martinikirchgang 2
46446 Emmerich am Rhein
Kontakt
Telefon: 02822/75 19 00
E-Mail: rheinmuseum@stadt-emmerich.de
Ansprechpartner: Frau Heßling, Frau Selter und Herr Kleipaß
Öffnungszeiten
Sonntag bis Mittwoch von 10.00 bis 12.30 und 14.00 bis 16.30 Uhr,

Donnerstag von 10.00 bis 12.30 und 14.00 bis 18.00 Uhr, Freitag von 10.00 bis 12.30 Uhr, Samstag geschlossen, Gruppenbesuche nach Vereinbarung.
Eintritt
Erwachsene € 2,50, Kinder/Jugendliche € 1,50 und Gruppen ab 20 Personen € 1,50 pro Person, Schulklassen haben freien Eintritt, freier Eintritt jeden ersten Sonntag im Monat.
Weitere Informationen
www.rheinmuseum-emmerich.de

Tipp

Das Rheinmuseum ist nicht weit vom Rathaus und der Innenstadt von Emmerich entfernt. Viele Geschäfte und Restaurants laden nach dem Museumsbesuch zum Bummeln und Verweilen ein. Rote und weiße Edelstahlstelen stellen ein touristisches Leitsystem für die Innenstadt dar. Die weißen Stelen bieten an dreizehn Standorten in Form eines Rundgangs Informationen zum Thema »Arbeit und Mobilität«, die roten Stelen informieren Besucher anhand eines Stadtplans über den jeweiligen Standort.

Das Rheinmuseum entstand 1964 aus dem ehemaligen Heimatmuseum der Stadt Emmerich und dokumentiert die Entwicklung der Rheinschifffahrt und die Verbindung Emmerichs zum Rhein. Über 150 Schiffsmodelle, zahlreiche Fischpräparationen, nautische Geräte sowie Bild- und Kartenmaterial runden die Sammlung ab. Diese wird in neun Räumen und einem Freigelände mit einem originalen Ein-Mann-U-Boot Typ »Biber« aus dem Jahre 1944 präsentiert. Die stadthistorische Sammlung informiert über das Leben und die Entwicklung der Hansestadt am Niederrhein.

Anschaulich erklärt: Die Rheinschifffahrt im Modell.

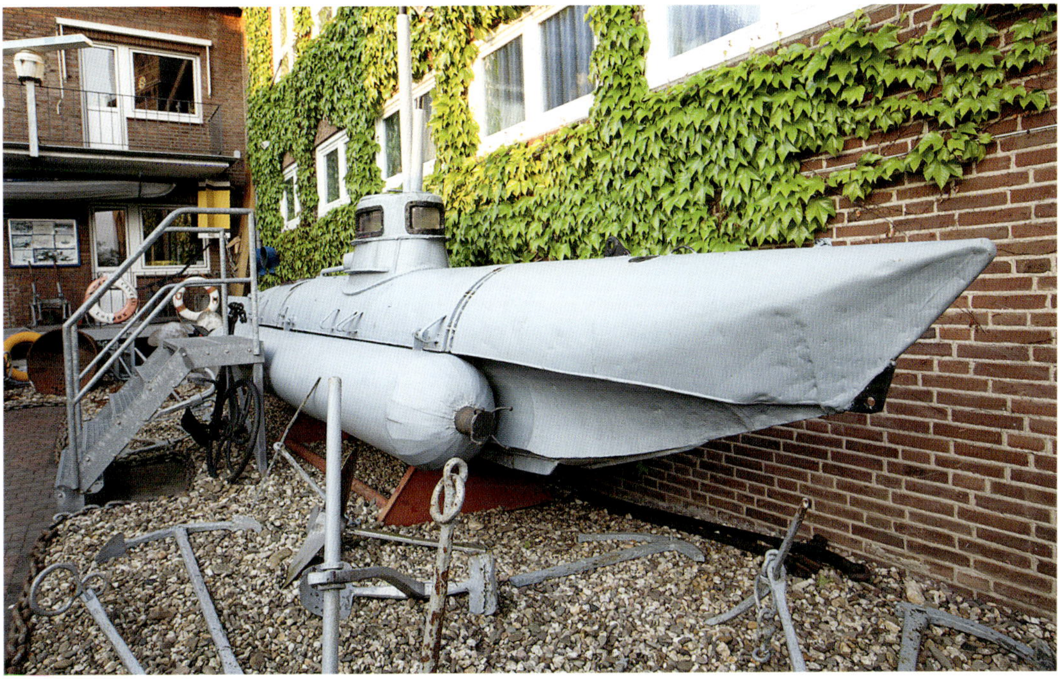

Das Ein-Mann-U-Boot Typ »Biber«.

3 Heimatmuseum Grieth

Vom Fischfang in der Hansestadt

Die Entwicklung des heute kleinen und beschaulichen Grieths vom einstigen Mitglied der Hanse zum Fischerdorf kann im dortigen Heimatmuseum nachvollzogen werden. Liebevoll aufbereitet erzählt das Museum von der Geschichte der einst selbstständigen Stadt und ihren Bewohnern.

Adresse
Griether Markt 26, 47546 Kalkar-Grieth
Kontakt
Telefon: 02824 / 71 26
E-Mail: wluemmen@aol.com
Öffnungszeiten
Jeden zweiten und vierten Sonntag im Monat und an Feiertagen von 14.00 bis 16.00 Uhr. Außerhalb

dieser Zeiten auf Anfrage telefonisch unter 02824/71 26 oder wluemmen@aol.com bei Herrn Willi Lümmen.
Eintritt
Erwachsene € 1,00 , Kinder bis 14 Jahre frei.
Weitere Informationen
www.grieth.eu

Wenn man heute das beschaulich kleine Grieth betritt, kann man sich nur schwer vorstellen, dass das 1.000-Einwohner-Dorf am Rhein früher einmal eine selbstständige Stadt und ein bedeutender Handelsplatz war. Dieser glückliche Umstand beruhte in besonderem Maße auf der tatkräftigen Förderung des Ortes durch

Tipp

Viele imposante Gebäude wie die Pfarrkirche St. Peter und Paul zeugen von der langen und wechselvollen Geschichte Grieths. Am Rheinufer liegt mit der »Anita II« einer der letzten Aalschokker.

die Klever Grafen und Herzöge, die sich von der Anlage einer Hafenstadt nahe ihrer Residenz wirtschaftliche und politische Vorteile versprachen. Und so spiegelt sich diese Förderung vornehmlich in der Stadtrechtsverleihung an Grieth im Jahre 1250 durch Graf Dietrich VI. wider. 1472 folgte dann die Gewährung von Zoll- und Stapelrechten. Wohlstand und wirtschaftliche Bedeutung kulminierten schließlich im 16. Jahrhundert, als Grieth Mitglied in der Hanse war. Mit dem Niedergang der Hanse und dem Achtzigjährigen Krieg (1568–1648) verlor der Ort schnell an Bedeutung. In den darauffolgenden Jahrhunderten kann man wohl eher von einem kleinen Fischerdorf als von einer bedeutenden Handels- bzw. Hafenstadt am Rhein sprechen. Die Eingemeindung nach Kalkar im Jahre 1969 setzte schließlich den Schlussstrich unter die eigenständige Geschichte der einst selbstständigen Stadt.

Das Heimatmuseum Grieth vermittelt einen Überblick über die Entwicklung der Stadt und Informationen über das frühere Leben der Bürger und ihre Haupterwerbsquellen: Fischfang, Schifffahrt und Korbflechten. Die Treidelschifffahrt war bis zum Aufkommen der Dampf- und Schleppschiffe von großer Bedeutung.

Ein historisches Schiffsmodell.

Blick in die Schuhmacherwerkstatt.

4 Wein-Freilicht-Museum

Weinanbau – ein Erlebnis für alle Sinne

Vom Rebstock bis zur Traube – hier erfährt man alles über die alte klösterliche Arbeit des Maischens und Kelterns. Viele Faktoren spielen eine Rolle für die Qualität des Weins im Glas – was es zu beachten gilt und wie man Einfluss auf den Geschmack nehmen kann, erfährt man im Museum.

Adresse
Kloster-Kraul, Hölzerweg 5a, 46499 Hamminkeln
Kontakt
Telefon: 02873/91 94 44
E-Mail: info@kloster-kraul.de
Öffnungszeiten
Vom 1. Mai bis 30. September nach telefonischer Anmeldung unter 02873/91 94 44 oder per E-Mail: info@kloster-kraul.de

Eintritt
Erwachsene € 2,50, Gruppen ab 12 Personen mit Weinprobe und Flammkuchen oder Kaffee und Kuchen € 18,00 pro Person (Dauer 2 Stunden).
Weitere Informationen
www.kloster-kraul.de

Die Familie Kloster-Kraul heißt alle Besucher auf ihrem 4.000 Quadratmeter großen Anwesen mitsamt dem Wein-Freilicht-Museum herzlich willkommen. Ob Sie nun das grüne Idyll mit den vielen Blickwinkeln auf die Natur oder die Historie zu Wein, Werkzeugen und Boden interessiert, hier sind Sie auf jeden Fall richtig. Das Museum gibt einen Überblick und kurze Erklärungen zu den Gerätschaften, die in Weinbau, Keller und beim Weinfreund zum Einsatz kamen. Nachweislich wurde hier am Niederrhein 1620 letztmalig Wein angebaut.

Weinpressen und zahlreiche historische Geräte demonstrieren das Winzer-Handwerk.

Hier darf die Natur frei wachsen.

In diesen alten Weinfässern reifte so mancher edle Tropfen.

Auch verschiedene Rebsorten beeinflussen den Geschmack des Weines.

5 Arnold-Janssen-Haus

Auf den Spuren eines Heiligen

Die Wiege Arnold Janssens – ein Ort an dem Glaube tief verwurzelt ist. Der Wegbereiter des modernen Missionsgedankens und Begründer des Steyler Ordens erblickte in Goch das Licht der Welt. Sein Leben und Werk kann in seinem Geburtshaus hautnah erfahren werden.

Adresse
Frauenstr. 8
47574 Goch
Kontakt
Telefon: 02823/97 08 11
E-Mail: museum@goch.de
Öffnungszeiten
Dienstag bis Sonntag von 13.00 bis 17.00 Uhr, Montag geschlossen, Feiertagsregelung

siehe Internetseite, Kurzführungen durch die historischen Räume sowie ein Film über den heiligen Arnold Janssen und seinen Orden auch ohne Anmeldung möglich. Größere Gruppen bitte anmelden unter museum@goch.de.
Eintritt
Eintritt frei, Spenden erwünscht.
Weitere Informationen
www.museum-goch.de

Das Arnold-Janssen-Haus erinnert an den heiligen Arnold Janssen, der in diesem Haus geboren wurde und gelebt hat. Das Arnold-Janssen-Haus wird heute als Gedenkstätte und Museum geführt und zeigt das Leben in einem bürgerlichen Haus des 19. Jahrhunderts sowie das Schaffen von Arnold Janssen. Möbel und Gegenstände führen den Besucher in die Vergangenheit, der Sekretär der Familie oder der Stuhl, auf dem Anna Katharina Janssen, die Mutter Arnold Janssens, für immer die Augen schloss. Daneben beherbergt das Geburtshaus auch zahlreiche Familienzeugnisse wie alte Fotografien und Briefe. 1975 wurde Arnold Janssen selig gesprochen, im Jahre 2003 erfolgte die Heiligsprechung – seitdem

An diesem Sekretär arbeitete Arnold Janssen.

Das Geburtshaus des 2003 heiliggesprochenen Janssen ist ein Museum.

kommen besonders viele Pilger in das Museum. Neben den historischen Räumen werden dem Besucher im ersten Stock wechselnde Themenausstellungen geboten. Weiterhin stehen ihm eine kleine Fachbibliothek mit Schriften über Arnold Janssen und sein Ordenswerk zur Verfügung. Das Geburtshaus ist heute auch Sitz der Arnold-Janssen-Solidaritätsstiftung. In einem kleinen Museumsbistro gibt es für die Besucher Erfrischungen und im Sommer kann man sogar im Garten sitzen.

6 Museum Goch

Kunstwerke von der Spätgotik bis zur Gegenwart

Das kleine Museum in Goch ist ein echter Geheimtipp: Hier lassen sich zahlreiche Exponate aus 600 Jahren Kunstgeschichte bestaunen, die von renommierten Künstlern zur Verfügung gestellt werden.

Adresse
Kastellstr. 9
47574 Goch
Kontakt
Telefon: 02823/97 08 11
E-Mail: museum@goch.de
Öffnungszeiten
Dienstag bis Freitag von 10.00 bis 17.00 Uhr,
Samstag und Sonntag von 11.00 bis 17.00 Uhr,
Montag geschlossen,

Feiertagsregelungen erfahren Sie auf der Internetseite.Eine öffentliche Führung findet jeden Donnerstag um 15.00 Uhr statt.
Die Führung ist frei, es muss lediglich Eintritt gezahlt werden. Gruppenführungen € 25,00 (max. 25 Personen).
Eintritt
Erwachsene € 4,00, Kinder € 2,00.
Weitere Informationen
www.museum-goch.de

Das erste Gocher Museum wurde bereits 1930 – initiiert von Jean »Papa« Klein – im historischen Steintor der Stadt eingerichtet. 1945 war dieses weitgehend zerstört. Erst 1956 wurde das Museum mit seinen verbliebenen Beständen an gleicher Stelle wieder eröffnet. 1991 konnte, nach intensiven Diskussionen und detaillierter Vorplanung, das neue Museum schließlich mit einem wesentlich erweiterten Sammlungsbestand der Öffentlichkeit übergeben werden. Hierzu wurde das ehemalige Amtsgericht in der Kastellstraße aufwendig restauriert und umgebaut.

Neben den Sammlungsräumen werden auch die beiden großen Erdgeschossräume für wechselnde Ausstellungen vorwiegend im Bereich der jüngeren Gegenwartskunst genutzt. Ergänzt werden diese Räume durch einen schönen Skulpturengarten, der sich zur Niers hin öffnet und zum Verweilen einlädt. Mit seiner Sammlung spätgotischer Skulpturen des Niederrheins bis zu Werken der jungen Gegenwartskunst vereint das Museum 600 Jahre Kunstgeschichte. Einen weiteren Schwerpunkt bilden die Künstler Eduard von Gebhardt sowie Ferdinand

Blick in einen Ausstellungsraum.

Das Eingangsportal des Museums.

Langenberg im 19. Jahrhundert. Ihre sowohl religiös wie auch künstlerisch hoch motivierte Bildhauerei und Malerei spannen einen interessanten Dialog zwischen katholischem und protestantischem Weltbild auf, zu dem jüngst auch der Nachlass der Künstlerfamilie Bartscher als Schenkung hinzukam. Nach dem Tod des Gocher Malers, Zeichners, Grafikers und Hochschullehrers Rudolf Schoofs wird zur Zeit an einem Archiv zur Erinnerung an sein Schaffen gearbeitet.

7 Museum Bislich

Drei Museen unter einem Dach

Das Museum Bislich vereint drei Museen unter einem Dach: das Deich-, Ziegelei- und Heimatmuseum Bislich. Über die Geschichte des Deichbaus und den Schutz vor Hochwasser informiert das Deichmuseum. Von den Anfängen und der Weiterentwicklung des Dachdeckerhandwerks wird im Ziegeleimuseum berichtet. Materialien, Techniken und Produktionsweisen wurden aufwendig für den Besucher aufbereitet. Das Leben der Vorfahren am Niederrhein sucht das Heimatmuseum einer größeren Öffentlichkeit zu erschließen. Unter dem Leitthema »Dorf am Deich« werden Kultur- und Sozialgeschichte für den Besucher lebendig.

Adresse
Dorfstr. 24
46487 Wesel
Kontakt
Telefon: 02859/15 19
E-Mail: museum@bislich.de
Öffnungszeiten
April bis Oktober: Sonntag von 11.00 bis 17.00 Uhr, Mittwoch von 14.00 bis 17.00 Uhr, November bis März: Sonntag von 14.00 bis 17.00 Uhr,

Gruppenführungen täglich nach Absprache möglich: museum@bislich.de.
Eintritt
Erwachsene € 2,00, Kinder und Jugendliche ab 12 Jahren € 1,00. Gruppenführungen nach Vereinbarung: museum@bislich.de, der Eintrittspreis erhöht sich um € 1,00 bei Führungen.
Weitere Informationen
www.bislich.de

Deichmuseum Bislich

Am 6. Mai 2000 konnte das Bislicher Museum ein weiteres Ausstellungsgebäude eröffnen, das Deichmuseum Bislich. Hierfür haben die Mitglieder des Heimatvereins in ehrenamtlicher Arbeit eine historische Scheune abgetragen, auf dem Museumsgelände wieder errichtet und zu einem modernen Ausstellungsraum ausgebaut. Auf zwei Ebenen wird dokumentiert, welche Bedeutung der Rhein als Lebensraum für seine Anwohner hat. Im Vordergrund steht das Thema »Deichbau und Hochwasserschutz«. Weitere Abteilungen behandeln die Rheinschifffahrt, die ehemalige Berufsfischerei und die Fauna der Rheinlandschaft.

Zur Eröffnung erhielt das Museum als kostbares Geschenk einen historischen »Nachen«. Der Nachen wurde 1926 auf der Schless-Werft in Perrich erbaut und diente dazu, bei Hochwasser Menschen zu retten und vom Hochwasser eingeschlossene Häuser zu versorgen. Dieses Rettungsboot kann man unter dem

Auch von außen schmuck hergerichtet: das Museum Bislich.

»Nachenport« besichtigen. Der Nachenport hat ein Dach aus Handstrichhohlpfannen und Strohdokken – jede einzelne Pfanne musste einzeln ausgerichtet werden – diese Tradition beherrschen nur noch wenige Dachdecker. Eine besondere Attraktion ist der Abguss des »Lüttinger Knaben«, einer antiken Bronzestatue, die 1858 von Lachsfischern aus Lüttingen und Bislich im Rhein gefunden wurde.

Ziegeleimuseum Bislich

In einem Gebäude, das die Mitglieder des Heimatvereins ebenfalls weitgehend ehrenamtlich ausgebaut haben, informiert die Dauerausstellung über die Tradition niederrheinischer Ziegelherstellung. Nach dem Abzug der Römer, die bereits über einen sehr hohen Fertigungsstand bei Mauersteinen, Bodenfliesen und

Das Deichmuseum informiert über den Küstenschutz ...

... während sich das Ziegeleimuseum der Herstellung des uralten Baumaterials widmet.

Tipp

Im Innenhof des Museums gibt
es ein historisches Backhaus,
das für größere Gruppen eine
Backvorführung ermöglicht. Termine
hierzu sind telefonisch unter
02859/15 19 zu erfragen.

Dachziegeln verfügten, dauerte es bis ins Hochmittelalter, bis wieder Steine und Pfannen gebrannt wurden. Der Mangel an Bauhölzern und die große Brandgefahr waren wichtige Faktoren zur Durchsetzung von Mauerstein und Dachziegel

als prägende Baumaterialien. Die sich über Jahrhunderte hinwegziehende Entwicklung vom Stroh- zum Ziegeldach und vom Fachwerk- zum Massivbau werden ebenso wie die große Bedeutung des Feldbrandverfahrens vorgestellt. Der Produktionsablauf vom Abbau des Rohmaterials bis zum Verladen der fertigen Produkte wird genauer beleuchtet. Dass die Arbeitsbedingungen nicht einfach waren, wird durch die einfachen Werkbänke und hölzernen Formen dokumentiert.

Heimatmuseum Bislich

Im Eingangsbereich wird der Besucher auf eine Zeitreise mitgenommen. Unter

Das Heimatmuseum zeigt historischen Lebensalltag.

Zeitreise durch die Bislicher Geschichte.

dem Motto »Husch, husch durch die Bislicher Geschichte« bieten zwölf Themeneinheiten von der Eiszeit bis in die Frühe Neuzeit eine spannende Einführung in die niederrheinische Geschichte, unter Berücksichtigung Bislicher Besonderheiten. Die neugestaltete Dauerausstellung widmet sich dem Dorfleben im 19. und 20. Jahrhundert. Ausgehend von der früher den Alltag prägenden (katholischen) Religion führt der Rundgang durch die Bereiche Hauswirtschaft, Kindheit und Schule, soziale Sicherung und medizinische Versorgung, Dorfhandwerk und Landwirtschaft bis in die Moderne, als sich, nicht zuletzt durch die Elektrifizierung des ländlichen Raumes, die Lebensverhältnisse radikal änderten. In der Abteilung »Bislich(er) im Porträt« geben Fotos und Gemälde von Personen den in der Dauerausstellung gezeigten Objekten und Lebensumständen konkrete Gesichter. Hier und in anderen Bereichen bieten moderne Touchscreen-Computer die Möglichkeit, sich intensiver mit den jeweiligen Themen zu beschäftigen. Zugleich werden damit die Bestände des Foto- und Textarchivs unmittelbarer zugänglich. Über eine Suchfunktion lassen sich z. B. Totenzettel, Porträtaufnahmen und Fotos von Gebäuden ermitteln.

27

8 Royal Air Force (RAF) Museum Laarbruch-Weeze e.V.

Faszination Fliegen

Die Präsenz der britischen Luftwaffe in Laarbruch-Weeze hat viele Spuren hinterlassen. Das Royal Air Force Museum präsentiert eine unvergessliche Zeitreise in die Vergangenheit des Fliegerhorstes zwischen 1954 und 1999.

Adresse
Flughafen-Ring 6, 47652 Weeze
Kontakt
E-Mail: Laarbruch-museum@t-online.de
Öffnungszeiten
1. Mai bis 30. September: Mittwoch bis Sonntag von 14.00 bis 17.00 Uhr, 1. Oktober bis 14. Dezember: Freitag bis Sonntag von 14.00 bis 17.00 Uhr, 1. Februar bis 31. März: Freitag bis Sonntag von 14.00 bis 17.00 Uhr.

Eintritt
Erwachsene € 2,00, Kinder bis 14 Jahre freier Eintritt, für Gruppen ab 10 Personen beträgt der Eintritt inkl. Museumsführung € 2,00 pro Person. Eine Anmeldung für einen Gruppentermin innerhalb oder außerhalb der Öffnungszeiten ist erforderlich bei Herrn Heinz Willi Knechten unter 02837/95301 oder 0178/1356324.
Weitere Informationen
www.laarbruch-museum.de

Deutschlands erstes und einziges Royal Air Force Museum lädt ein zu einer Zeitreise durch 45 Jahre Präsenz der britischen Luftwaffe in Laarbruch-Weeze und

Der Eingang des Museums.

am Niederrhein. Zahlreiche Exponate, darunter Cockpits, Flugabwehrgeräte, Schleudersitze, Dioramen mit authentischen Flugzeugmodellen, Uniformen, Bilder und Schriftstücke dokumentieren die Anwesenheit der Briten von 1954 bis 1999 und lassen damit auch ein wichtiges Kapitel der Heimat- und Nachkriegsgeschichte lebendig und begreifbar werden. Der Besucher kann nachvollziehen, wie in mehr als vier Jahrzehnten in der Gemeinde Weeze und der umliegenden Region aus Besatzern und Besetzten Freunde und Verbündete wurden. Sowohl in der Zeit des Kalten Krieges als auch im darauffolgenden Jahrzehnt war die Royal Air Force ein Garant für Sicherheit und Frieden, Freiheit und Freundschaft. Das Museum, das im Juni 2007 eröffnet wurde, befindet sich in den Räumlichkeiten

Museales Überbleibsel des Kalten Krieges: eine Flugabwehrrakete.

der ehemaligen anglikanischen Kirche auf dem Gelände des früheren britischen Militärflughafens Laarbruch, dem heutigen zivilen Airport Weeze. Ein kleines Nachbargebäude mit Exponaten des RAF-Regiments wurde im Juni 2010 eröffnet. Darüber hinaus will das Museum seinerzeit hier stationierte Flugzeuge erwerben und ausstellen.

Auch ein Exemplar des Flugzeugtyps »Canberra« ist zu sehen.

9 Gommansche Mühle

Regionale Handwerkskunst in Sonsbeck

Dauer- und Wechselausstellungen in der wunderschönen Galleriehölländer-Windmühle erinnern an die besonders im 17. und 18. Jahrhundert große Bedeutung des Töpferhandwerks für Sonsbeck.

Adresse
Auf der Mühle 4
47665 Sonsbeck
Kontakt
Telefon: 02838 / 18 55
E-Mail: Heinz-peter.kamps@freenet.de

Öffnungszeiten
Nach Vereinbarung unter 02838/1500 bei Heinz-Peter Kamps.
Eintritt
Eintritt frei, Spenden erwünscht.
Weitere Informationen
www.denkmal-sonsbeck.de

Die nach ihrem langjährigen Besitzer, der Familie Gomman, benannte Turmwindmühle wurde wahrscheinlich 1870 in Betrieb genommen. 1935 wurde der Betrieb eingestellt. Die Mühle wurde bei Kriegsende sehr stark zerstört, in den 1950er-Jahren gegen weiteren Verfall gesichert und in den 1980er- und 1990er-Jahren mehrfach saniert. Sie dient heute dem Verein für Denkmalpflege zu kulturellen Zwecken und kann auch als Hochzeitsraum gebucht werden.

Im 17. und 18. Jahrhundert war Sonsbeck, bedingt durch reiche Roh- und Brennstoffvorkommen und die günstige Lage am Handelsweg nach Venlo, einer der bedeutendsten Töpferorte am Niederrhein. Da der hier vorkommende Ton die für die Herstellung von Steinzeug erforderlichen hohen Brennwerte nicht zuließ, spezialisierte man sich auf Irdenware. Überwiegend wurden Gefäße für den alltäglichen Gebrauch produziert, darüber hinaus auch Reliefplatten, Kacheln, Krüge und Prunkschüsseln. In der Mühle sind viele dieser unterschiedlichen Irdenwaren zu besichtigen.

Die Holländer-Windmühle in Sonsbeck.

Kunstvolles Geschirr und einzigartige Fliesen aus Niederrheinischer Keramik sind im Bauch der Mühle ausgestellt.

10 Traktoren- und Landmaschinen-museum Pauenhof

Technisierte Feldarbeit – ein Erlebnis für Jung und Alt

Mannshoch und Stoßstange an Stoßstange füllen sie die Ställe eines einstigen Bauernhofs – Traktoren soweit das Auge reicht. Exponate von namhaften Herstellern wie MAN, Porsche und Fendt können hier erkundet werden.

Adresse
Balberger Str. 72, 47665 Sonsbeck
Kontakt
Telefon: 02838/22 71
Öffnungszeiten
Dienstag bis Sonntag von 10.00 bis 18.00 Uhr,
Montag geschlossen.

Eintritt
Erwachsene € 5,00, Kinder € 3,00,
Familienkarte, 2 Erwachsene und 2 Kinder,
€ 13,00.
Weitere Informationen
www.traktorenmuseum-pauenhof.de

Der Pauenhof wurde erstmalig in Karten des 12. Jahrhunderts erwähnt und war bis 1969 Bauernhof und bis 1988 Ferkelzuchtstation. Bis 1990 wurde der Hof zum heute größten Traktoren- und Landmaschinenmuseum Deutschlands umgebaut. Die Sammelleidenschaft begann 1976 mit einem alten Hanomag, der vor dem Verschrotten gerettet wurde. Heute können in zehn Hallen mit einer Ausstellungsfläche von 5.000 Quadratmetern über 400 Traktoren, Schlepper aus dem In- und Ausland sowie sämtliche Maschinen besichtigt werden, die einmal das Arbeiten auf dem Feld oder Hof erleichtert haben, angefangen vom Kleingerät bis zum Mähdrescher.

Ganz besondere Erlebnisse erwarten die Besucher: Erwachsene und Kinder können auf dem Gelände Treckerfahren. Für Gruppen können Geschicklichkeitsturniere organisiert werden. Weitere Infos hierzu finden Sie auf der Internetseite. Für die Kleinen gibt es außerdem einen Kinderspielbereich und für die Großen einen Grillplatz für 100 Personen oder Sie lassen es sich im Restaurant »Zum Traktor« schmecken, die Öffnungszeiten erfahren Sie auf Anfrage.

Das Eingangstor des Pauenhofs.

Hier kommt jeder Traktoren-Fan auf seine Kosten: die Lanz-Bulldog-Parade.

Auch diese Ruthemeyer-Walze ist zu sehen.

Mit diesem Deutz-Trecker können Sie selbst das Museums-gelände erkunden.

11 Geologischer Wanderweg und Findlingsweg Sonsbeck

Über die Entstehung eines Höhenzugs

Viel Wissenswertes rund um die erdgeschichtliche Entwicklung der Niederrheinischen Bucht erwartet die Wanderer bei diesem unvergesslichen Ausflug zu den faszinierenden Zeugen uralter Epochen.

Adresse
Dassendaler Weg, 47665 Sonsbeck
Kontakt
Telefon: 02838/15 00
E-Mail: heinz-peter.kamps@freenet.de
Öffnungszeiten
Nach Vereinbarung, Führungen (Dauer ca. 2 Stunden) organisiert der Verein für Denkmalpflege

Sonsbeck e.V., Anmeldung bei Herrn Kamps unter 02838/15 00.
Eintritt
Preis für Führungen € 40,00 bis € 60,00 (mind. 10 Personen).
Weitere Informationen
www.denkmal-sonsbeck.de

Der Niederrheinische Höhenzug verdankt seine Entstehung dem vorrückenden Inlandeis vor rund 250.000 Jahren. Ein Teilstück dieses Höhenzuges ist die Sonsbecker Schweiz. Der Dürsberg mit seinem Aussichtsturm – 100 Meter über dem Meeresspiegel auf der obersten Plattform – zählt zu den höchsten Erhebungen des niederrheinischen Höhenrückens. Wie dieser Höhenzug entstand, woher die ihn aufbauenden Erdschichten stammen und welche geologischen Schichten im tieferen Untergrund verborgen sind, will der etwa 1,5 Kilometer lange Geologische Wanderweg (Teil des Geoparks Ruhr) zum Aussichtsturm des Dürsbergs an sechs Stationen mit gut verständlichen Schautafeln, Bohrprofilen und typischen Gesteinen aufzeigen.

Für den Rückweg in Richtung Sonsbeck empfiehlt sich der Bögelsche Weg bis zum neu entstandenen Wanderweg (wenige Meter vor der Station 2 rechts), der den Geologischen Wanderweg mit dem neu angelegten Findlingsweg zwischen dem Dassendaler Weg und der Landdrostschen Huf verbindet. Auf dem Findlingsweg entdecken wir an elf Stationen dreizehn verschiedene Arten von Findlingen, die durch den Eisgletscher hier abgelegt wurden oder mit dem Eis auf dem Rhein am Niederrhein gelandet sind.

Tipp

Zur Erfrischung nach der Wanderung bietet das »Hotel Specht« mit Römerturm, Dassendaler Weg 10a in Sonsbeck, im Sommer kühle Getränke im Biergarten an (www.hotelspecht.de).

Impressionen entlang der Themenwanderwege.

Keramikmuseum Tietz

Niederrheinische Keramik und mehr

Zarte Vasen, ausladende Teller und handfeste Krüge füllen und zieren den Ausstellungsraum. Kenner und Liebhaber können hier kleine und große tönerne Kunstwerke bestaunen.

Adresse
Kastellstr. 3
47665 Sonsbeck
Kontakt
Telefon: 02838/91 01 20
E-Mail: ingrid@keramikmuseum-sonsbeck.de

Öffnungszeiten
Jeden dritten Donnerstag im Monat von 14.00 bis 17.00 Uhr, bitte vorab telefonisch unter 02838/91 01 20 anmelden.
Eintritt
Eintritt frei, Spenden erwünscht.
Weitere Informationen
www.keramikmuseum-tietz.de

Am 2. November 2008 eröffnete erstmals das private Keramikmuseum Tietz in Sonsbeck seine Türen für die Öffentlichkeit. Hier werden viele Werke des niederrheinischen Töpfers und Plastikers Josef Hehl der Öffentlichkeit vorgestellt. Josef Hehl zählt zu den bedeutendsten deutschen Keramikkünstlern. Neben einer

Von außen schlicht, wartet das Keramikmuseum mit wahren Schmuckstücken auf.

Vielzahl von Gebrauchskeramiken wie Vasen schuf er Plastiken und Bildplatten. Insgesamt sind über 1.000 Keramikartikel entstanden, die sich heute überwiegend in Privatbesitz befinden. Die Plastiken und Bildplatten behandeln vor allem religiöse Themen oder ihre Motive sind der Arbeitswelt entnommen. Zudem zeigen sie Tiere oder Idealbilder aus der Familienwelt. Eine große Sammlung mit 435 Exponaten war im Duisburger Lehmbruckmuseum untergebracht. Diese wurde an das Regionalmuseum in Xanten übergeben.

Der Schwerpunkt im Keramikmuseum Tietz liegt auf niederrheinischer Keramik, aber es sind auch Bilder und Bronzeskulpturen einheimischer Künstler, zum Beispiel von Brigitte Schütt-Bluhm, zu besichtigen. Die Sammlung ist mit viel Liebe und Herzblut von Frau Tietz zusammengetragen worden und ist nicht nur für Kunstfreunde ein echter Augenschmaus.

Arbeiten von Brigitte Schütt-Bluhm.

Blaue Keramikteller von Grete Vorfeld.

»Der Philosoph« von Josef Hehl.

13 Haus der Veener Geschichte

Vom bäuerlichen Alltag und alten Handwerk

In einem alten Klassenzimmer wird die Geschichte Veens wieder lebendig. Seit den 1980er-Jahren werden Gegenstände des täglichen Lebens aus alter Zeit gesammelt und hier ausgestellt. Nicht nur für Einheimische lohnt dieser kurzweilige »Schulbesuch«.

Adresse
Kirchstr. 16, 46519 Alpen-Veen
Kontakt
Telefon: 02802/94 17 22, E-Mail:
wilhelm.jansen@hausderveenergeschichte.de
Geschäftsführung: Dorothee Keisers,
02802/91 26 45
Öffnungszeiten
In den Sommermonaten: Sonntag von 10.30
bis 12.30 Uhr, in den Wintermonaten nach
telefonischer Vereinbarung.

Eintritt
Eintritt frei, Spenden erwünscht.
Weitere Informationen
www.hausderveenergeschichte.de
Partnermuseum ist das Museum De Locht –
Regionalmuseum und Nationalmuseum für
Spargel- und Champignonzucht,
Broekhuizerdijk 16d, 5962 NM Horst-Melderslo,
NL; www.delocht.nl

Das Haus der Veener Geschichte hat seine Räume in einem ehemaligen Klassenzimmer der Gemeinschaftsgrundschule und dem angrenzenden früheren Gerätehaus der Feuerwehr. Die 2007 neu gestaltete Dauerausstellung konzentriert sich auf wichtige Themen der Ortsgeschichte. In sieben Abteilungen wird deutlich, wie sich das alte Veen mit seinen Bauernhöfen, Geschäften und Betrieben seit 1970 zu einem fast ausschließlich als Wohnort genutztem Dorf entwickelt hat:

1. Veen – ein Bauerndorf
2. Frauen in Veen
3. Sein Geld verdienen
4. Fromm – fleißig – gehorsam
5. 1933–1945
6. Moderne Zeiten
7. Feierabend und Wohnen

Außenansicht des Museums.

Tipp

Eine kleine Stärkung erhalten Sie in
der nahe gelegenen Gaststätte »Zur
deutschen Flotte«. Das historische
Gebäude befindet sich im Ortskern,
in der Dorfstraße 68. Inhaber
Ralf Terlinden bietet samstags
und sonntags Kaffee und Kuchen
an, beides sollten Sie unbedingt
probieren.

Des Weiteren sind viele Sammlungs-
objekte zum bäuerlichen Alltag und
Handwerk der Zeit von 1880 bis 1950 und
historische Fotos zu bestaunen.

Dieses Schaukelpferdchen lässt Kinderherzen höher schlagen.

Altes Landwirtschaftsgerät lässt die Mühen früherer Tage erahnen.

14 His-Törchen

Auf zur Issumer Herrlichkeit

Das His-Törchen ist ein Ort mit wechselhafter Geschichte, der über die Zeit vielen Funktionen und Menschen gerecht wurde und nun geschichtsreiche Exponate und heimatliche Kunst beherbergt.

Adresse
Herrlichkeit 7–9
47661 Issum
Kontakt
Telefon: 02835/10 24
E-Mail: touristik@issum.de
Ansprechpartner für Führungen: Frau Vera
Nabbefeld, 02835/1073

Öffnungszeiten
Dienstag bis Donnerstag von 8.30 bis 12.30 und 14.00 bis 15.30 Uhr, Freitag von 8.30 bis 12.30 Uhr, Sonntag von 11.00 bis 13.00 und 15.00 bis 17.00 Uhr.
Eintritt
Eintritt frei, Spenden erwünscht.
Weitere Informationen
www.issum.de

Blick auf den Torbau.

Blick in den Ausstellungsraum.

Das His-Törchen, die Kunst- und Heimatstube der Gemeinde Issum, hat eine bewegte Geschichte hinter sich. Die ursprünglich wasserumwehrte Backsteinanlage aus der Mitte des 16. Jahrhunderts erreichte man durch einen zweigeschossigen Torbau. Dieser Torbau ist das heutige Museum. 1984 kamen engagierte Issumer Bürger auf die Idee, diese Räume als Sammelstätte für heimisches Brauchtum zu nutzen. Mit finanzieller Unterstützung des Landes NRW wurde das heutige Museum 1993 eröffnet. Nach einem Aufruf in der örtlichen Presse meldeten sich 21 interessierte Bürger zur ehrenamtlichen Mitarbeit – es wurde ein Konzept entwickelt,

um die Attraktivität des Heimatmuseums für die Zukunft zu gewährleisten. Die damaligen Exponate hatten hauptsächlich lokalhistorischen Charakter. Heute erwarten den Besucher auch Kunstwerke heimischer Künstlerinnen- und Künstler wie Keramiken von Frau Wetzling-Lenders sowie Plastiken und Werkzeuge von Clemens Pasch. 1996 wurde das Museum um ein Nebengebäude erweitert. In den letzten Jahren wurden viele verschiedene Ausstellungen gezeigt, die das Museum auch überregional bekannt machten. Das Museum erhält viel Zustimmung von den Besuchern und ist auf jeden Fall einen Besuch wert.

15 Mühlenverein Dinslaken-Hiesfeld

Mühlen aus aller Welt

Wer sich für das Müllerhandwerk und die große Vielfalt der Mühlen interessiert, wird bei einem Besuch im Mühlenmuseum Dinslaken-Hiesfeld viele ganz unterschiedliche Modelle bestaunen können.

Adresse
Am Freibad 3
46539 Dinslaken
Kontakt
Telefon: 02064/941 88
E-Mail: duscha@t-online.de
Öffnungszeiten
Mühlenmuseum und Wassermühle: Sonntag von
10.30 bis 12.30 Uhr, Pfingstsonntag von 10.00 bis

18.00 Uhr, zweiter Sonntag im September und
erstes Adventswochenende (Samstag/Sonntag),
weitere Veranstaltungen finden Sie im Internet.
Eintritt
Eintritt frei, Spenden erwünscht.
Weitere Informationen
www.muehlenmuseum-dinslaken-hiesfeld.de
Hinweis
Das Museum ist nicht barrierefrei.

Das Mühlenmuseum wurde 1991 in den beiden Gebäuden eröffnet, die zur Wassermühle gehören: die ursprüngliche Wassermühle, die 1693 als Fachwerkhaus errichtet wurde, und, auf der anderen Seite des Rotbachs, ein später errichteter Backsteinbau, der als Haupt- und Wohngebäude für den Müller diente. Zwischen den beiden

Das hübsche Mühlenmuseum.

Modell der Wassermühle »Paumühle«.

Gebäuden ist das mittelschlächtige Was-serrad angebracht. Im Mühlenmuseum gibt es neben vielen Utensilien, die für das Müllerhandwerk benötigt werden, auch über 60 verschiedenen Mühlenmodelle – die alle in Handarbeit und maßstabsge-treu entstanden sind – zu bestaunen und in Betrieb zu sehen. Jede Mühle ist auf einer Tafel mit Begleittext genau beschrieben. Ein Museum für alle Altersgruppen.

Modell einer Wippwassermühle.

Die Wassermühle am Rotbach.

16 Erstes Niederrheinisches Karnevalsmuseum Duisburg

Die Geschichte der fünften Jahreszeit

Orden, Kostüme, Säbel und Schlüssel sind nur einige Exponate der umfangreichen Sammlung närrischer Kleinodien und jecker Prunkstücke, die in der Grundschule Am Mattlerbusch bewundert werden können.

Adresse
Wehofer Str. 48
47169 Duisburg-Wehofen
(in der GGS Am Mattlerhof)
Kontakt
Telefon: 0203/50 30 640
E-Mail: museum@hdk-ev.de

Öffnungszeiten
Dienstag von 15.00 bis 18.00 Uhr und Sonntag von 10.00 bis 13.00 Uhr, in den Schulferien geschlossen. Parkplatz gegenüber auf dem Gelände des Revierparks Mattlerbusch.
Eintritt
Eintritt frei, Spenden erwünscht.
Weitere Informationen
www.hdk-ev.de

Närrischer Frohsinn museal.

Das Museum entstand 1973 durch den damals amtierenden Prinzen Helmut I. (Specht), der die Idee hatte, die närrische Geschichte des Niederrheinischen Karnevals in einer Sammlung zu dokumentieren. Seitdem wird alles gesammelt, was mit dem Karneval in Duisburg zu tun hat. Im Jahre 1998 bezog das Museum seinen jetzigen Standort und viele Besucher konnten die Geschichte des niederrheinischen Narrenwesens bereits bewundern.

In Schaukästen und Vitrinen ist der Werdegang des Duisburger Karnevals bis heute dargestellt. Es gibt Informationen zum ersten Duisburger Rosenmontagszug im Jahre 1928, es werden prunkvolle Uniformen, Gläser und Krüge mit

Besuch im Revierpark Mattlerbusch

Nur ein kurzes Stück vom Niederrheinischen Karnevalsmuseum entfernt lädt der Revierpark Mattlerbusch zum Spazierengehen, Reiten, Schwimmen oder gemütlichen Essen im Brauhaus Mattlerbusch ein. Es gibt einen großen Spielplatz und eine 40 Meter lange und acht Meter hohe Saline, an der sie frische Meeresluft in Duisburg genießen können – ein einmaliges Erlebnis für Groß und Klein. Die Saline trennt den Park von der Niederrhein-Therme mit Wellenbad, Sauna, Whirlpool und Außenbecken. Dort gibt es für die kleinen Gäste eine Babyrutsche, einen Wasserpilz und Spielzeug – lassen Sie sich überraschen.
Weitere Informationen unter:
www.niederrhein-therme.de und
www.brauhaus-mattlerhof.com

Uniformen der Karnevalsgesellschaften.

Vereinssymbolen, Prinzen- und Präsidentenketten, Gesellschaftsmützen, historische Standarten, 20 Puppen mit Kostümen und etwa 4.000 Karnevalsorden aus dem In- und Ausland präsentiert.

17 Haus Oermter Berg

Erholung im Grünen mit grandioser Aussicht

Der Oermter Berg bietet ein unvergessliches Erlebnis für die ganze Familie. Egal ob Sie die Wildgehege besuchen, einfach die Aussicht genießen oder mit Freunden Grillen wollen, hier finden Sie die perfekte Möglichkeit, um sich in freier Natur vom Alltagsstress zu erholen.

Adresse
Niederend 113, 47509 Rheurdt
Kontakt
Telefon: 02845/67 45
Ansprechpartner: Herr Willi Hüskens
E-Mail: info@haus-oermterberg.de
Öffnungszeiten
Dienstag bis Freitag von 10.00 bis 16.00 Uhr und
Samstag bis Sonntag von 10.00 bis 17.00 Uhr,

Montag geschlossen, Gruppenführungen von
ca. 1,5 Stunden nach telefonischer Absprache
mit Frau Falkenhagen unter 02832/76 66
möglich.
Eintritt
Erwachsene € 1,00.
Weitere Informationen
www.volkspark-oermter-berg.de

Zwischen Moers und Geldern, am Rande des Landschaftsparks Niederrhein, erwartet den Besucher der Volkspark Oermter Berg mit zahlreichen Angeboten. Verschiedene Tiergehege sind im

In den Aquarien gibt es jede Menge zu entdecken.

ausgedehnten Waldgelände integriert: Rotwild, Damwild und Mufflons werden in ihrer natürlichen Umgebung präsentiert. Mehrere Spielplätze und eine ausgedehnte Rasenfläche runden das Angebot ab. Eine große Freifläche lädt zum Ballspielen ein. Es stehen zwei Grillmöglichkeiten zur Verfügung, die beim Haus Freudenberg gemietet werden können.

Der Oermter Berg bietet nicht nur Naturschutz, er ist auch ein Ort der Erholung und ermöglicht einen besonderen Ausblick: im Osten auf die niederrheinische Donkenlandschaft, im Westen auf das Nierstal.

In der Ausstellung der Naturkundlichen Sammlung Niederrhein am Fuß des Oermter Berges begegnet der Besucher der Geschichte dieser Gegend. Hier erfährt er etwas über die Entstehung des

Der »Lebensraum Niederrhein« präsentiert sich den Besuchern.

Oermter Berges während der Eiszeit und seinen erdgeschichtlichen Aufbau. Auch die spätere Veränderung des Waldes durch den menschlichen Einfluss und die Entwicklung der Landschaft mit ihrer Tier und Pflanzenwelt wird erläutert. Die Kuhlengewässer werden als ein für diese Landschaft einzigartiges und typisches Relikt der Eiszeit dargestellt, ebenso Fleuth und Kendel. Ziel der Ausstellung ist es, die Vielfalt der ökologischen Zusammenhänge bewusst zu machen und zu einem verantwortungsbewussten und schonenden Umgang mit der Natur zu motivieren.

Kinderspielplätze und ein Restaurant laden zum Ausruhen und Entspannen ein.

Ein heulender Wolf.

18 Museum »Haus des Bergmanns«

Glück auf!

Der Mythos Bergbau ist bis heute an vielen Orten sehr lebendig. Doch wie lebten die Bergmänner und ihre Familien, wie sah ihr Arbeits- und Lebensalltag wirklich aus? Das Museum »Haus des Bergmanns« in Kamp-Lintfort entführt die Besucher auf eine Zeitreise der besonderen Art.

Adresse
Ebertstr. 88, 47475 Kamp-Lintfort
Kontakt
Telefon: 02842/41784
E-Mail: udolohmann@gmx.de
Öffnungszeiten
Mittwoch und Sonntag von 14.00 bis 17.00 Uhr, in den NRW-Schulferien geschlossen,

Gruppenführungen nach Terminabsprache möglich.
Eintritt
Eintritt € 2,00.
Weitere Informationen
www.bergmannstradition.de

Das Museum befindet sich östlich des Bergwerks West, vormals Friedrich Heinrich. Es liegt inmitten der größten zusammenhängenden Bergarbeitersiedlung des rheinisch-westfälischen Industriegebietes (76 Hektar). Im Jahre 1985

Schon von außen zu erkennen: das »Haus des Bergmanns«.

Klein, aber gemütlich: die Küche.

Das Kinderschlafzimmer mit historischem Interieur.

entstand die Idee, eine Fördergemeinschaft für Bergmannstradition zu gründen, dies wurde 1987 mit der Vereinsgründung umgesetzt. Das Haus, in dem das Museum heute untergebracht ist, wurde 2005 wieder in den Originalzustand versetzt. Eine Haushälfte gewährt Einblicke in die Lebens- und Wohnverhältnisse in den 1920er- und 1930er-Jahren, die zweite Hälfte beinhaltet technisches Gerät, Grubengeleucht, Mineralien, Modelle und historische Fotos. Seit der Eröffnung im Jahre 2006 betreuen Mitglieder

der Fördergemeinschaft für Bergmannstradition linker Niederrhein e.V. das Museum ehrenamtlich.

Tipp

Ein weiteres Museum in Kamp-Lintfort ist das Museum Kloster Kamp. Das Kloster war bis 2003 von Mönchen bewohnt und wird heute als Geistliches und Kulturelles Zentrum Kloster Kamp e.V. von der Stadt Kamp-Lintfort, der Katholischen Kirchengemeinde St. Josef und dem Bistum Münster geführt. Der Besucher wird über die Geschichte des Klosters informiert und erhält einen Einblick in das Leben der Mönche. Adresse: Kloster Kamp, Abteiplatz 13, 47475 Kamp-Lintfort. Weitere Infos: www.zentrumklosterkamp.de

Die Gute Stube einer Bergmannsfamilie.

Felke Museum

Natürlich heilen

Ähnliches mit Ähnlichem heilen – so lautet ein Grundprinzip der Naturheilkunde. Stark verdünnt bekommt der Patient sogar giftige Substanzen verabreicht, um zu genesen. Die heilende Kraft der Natur wurde schon im 19. Jahrhundert durch Repelens Pfarrer Felke praktiziert, heute erinnert ein Museum an sein Wirken.

Adresse
Jungbornpark
47445 Moers-Repelen
Kontakt
Telefon: 02841/71 473
E-Mail: christa.wittfeld@gmx.de

Öffnungszeiten
April bis Oktober: Mittwoch und Sonntag von
15.00 bis 17.00 Uhr
Eintritt
Eintritt frei, Spenden erwünscht.
Weitere Informationen
www.felkeverein.de

Im Felke Museum wird an den Lehmpastor Emanuel Felke und seine »Repelener Methode« erinnert. Emmanuel Felke kam als Pfarrer nach Repelen, über dessen Grenzen hinaus bekannt wurde er jedoch aufgrund seiner homöopathischen

Die Licht-Luft-Hütte.

Therapie. Da seine Arbeit immer mehr Menschen aus der ganzen Welt anzog, die mit seinem Naturheilverfahren geheilt werden wollten, wurde der Repelener Jungbornpark zum Kurpark umgebaut. Die Kurgäste wurden neben anderen Quartieren auch in Licht-Luft-Hütten, bestehend aus einer einfachen Holzkonstruktion, untergebracht. Aus den von der Originalhütte abgeleiteten Maßen wurde im Jungbornpark eine im Grundriss etwa 3,2 mal 7,20 und vier Meter hohe Felke-Hütte als Museum errichtet. Im Museum ist die »Repelener Methode« auf Bild- und Schrifttafeln dokumentiert. Außerdem sind in Vitrinen Ausstellungsstücke des Pfarrers und Naturheilkundigen zu sehen, die einen Einblick in dessen Leben

Verschiedene Wannen für die Lehmbehandlung.

und Wirken geben. Auf der Rückseite des Museums sind zwei Lehmgruben mit diversen Wannen vorhanden, da zu Felkes Anwendungen unter anderem das Baden in Lehm gehörte.

Blick in den Jungbornpark.

51

20 Turmmuseum in der Repelener Dorfkirche

Ein Turm voll mit Geschichte

Ein kleines, aber feines Museum im Turm der Evangelischen Dorfkirche in Moers-Repelen wartet darauf, entdeckt zu werden. Wissenswertes, nicht nur über das kirchliche Leben, und einzigartige Ausstellungsstücke locken die Besucher bis hinauf in die Glockenstube.

Adresse
An der Linde 1
47445 Moers-Repelen
Kontakt
Telefon: 02841/74 177
E-Mail: guenther.eckhard@arcor.de
Öffnungszeiten
Es gibt keine generellen Öffnungszeiten, die Kirche ist an vielen Tagen geöffnet, Terminvereinbarung

entweder telefonisch unter 02841/74 177 oder per E-Mail guenther.eckhard@arcor.de
Eintritt
Eintritt frei, Spenden erwünscht. Eine »sprechende« Kirche bedankt sich bei den Gästen für ihren Besuch, wenn man eine Spende in den Schlitz des Daches einwirft.
Weitere Informationen
www.kirche-repelen.de/unsere-kirche/turmmuseum

Diese Bodenplatte erinnert an das Credo von Emanuel Felke.

Als Leihgabe an das Museum im Schloss M...
Bierausstellung abgegeben.

Februar 2014

Bierkrug von Pfarrer
Gerhard Tremöhlen
ca. 1835

In diesem Bierkrug ließ
Pfarrer Gerhard Tremöhlen
Bier aus der benachba
Schankwirtschaft liefern. Es
davon zwei Stück. Der leere
wurde bei der Anlieferung
vollen Kruges mitgenommen
Inhalt ca. 6 Liter (ohne Scha

Wie lange er damit auska
nicht überliefert.

Dieser hölzerne Bierkrug fasst sechs Liter.

Die Repelener Dorfkirche gehört zu den sieben ältesten Kirchen Deutschlands. Seit 2010 gibt es im Turm der Kirche ein Museum, das Repelener Turmmuseum. Die meisten Gegenstände haben nur im weitesten Sinne etwas mit der Kirche zu tun. Zu bestaunen gibt es unter anderem einen Fußwärmer aus Holz, ein altes Harmonium, ein beleuchtetes Kirchenmodell mit verblüffender Ausstattung, alte Kirchenbibeln, einen hölzernen Bierkrug von Pfarrer Tremöhlen mit einem Fassungsvermögen von sechs Litern und vieles mehr. Hier haben Sie die Möglichkeit, in Form von dekorierten Schaufensterpuppen auf die letzte Gräfin von Moers und eine alte Bäuerin in Grafschafter Tracht zu treffen. Lassen Sie sich überraschen. Da sich das Museum wirklich in den einzelnen Räumen des Turmes befindet, sind einige Stufen zu überwinden und das Museum ist somit nicht barrierefrei.

Die Gräfin von Moers.

21 Heimatstube Schaephuysen

Siegerurkunden im Schulkeller

Historische Gegenstände aus Schaephuysen und dem benachbarten Rheurdt erwarten die Besucher in den Räumlichkeiten der Hubertus-Grundschule. Viele Ausstellungsstücke sind mit persönlichen Erinnerungen verbunden, wurden sie doch von der heimischen Bevölkerung selbst zusammengetragen.

Adresse
Hauptstr. 50, 47509 Rheurdt-Schaephuysen
Kontakt
Telefon: 02845/60 98 35
E-Mail: mguertner@t-online.de
Öffnungszeiten
Es gibt keine generellen Öffnungszeiten,
Besichtigungen und Führungen sind jederzeit

nach Vereinbarung möglich, Anmeldung unter
02845/63 98 bei Herrn Hans-Wilhelm Pingen.
Eintritt
Eintritt frei, Spenden erwünscht.
Weitere Informationen
www.vfguh-schaephuysen.de

Der Gedanke, eine Heimatstube einzurichten, entstand schon im Jahre 1987. Durch die Teilnahme an dem Wettbewerb »Unser Dorf soll schöner werden« hatte der Verein für Gartenkultur und Heimatpflege ab 1961 zahlreiche Urkunden, Plaketten, Freundschaftsgeschenke und Bilder erhalten, die man den Bürgern jedoch nicht zeigen konnte, weil ein geeigneter Raum dafür fehlte. 1988 wurde schließlich ein kleiner Raum im Schulkeller zur Verfügung gestellt, um die Erinnerungsstücke der Öffentlichkeit zugänglich zu machen. In Eigenleistung der Vereinsmitglieder wurde die erste Heimatstube hergerichtet. Nach einem Aufruf an die Bürger, heimatkundliche Gegenstände für den Raum abzugeben, kamen so viele Gegenstände zusammen, dass der Platz nicht reichte, um alles auszustellen. 1991 wurde dem Verein zusätzlich ein Klassenraum überlassen – aber auch das war nur eine Zwischenlösung. Daher trat die Schule dem Verein weitere Räumlichkeiten im Kellerbereich ab, in denen heute die komplette Sammlung untergebracht ist. 1993 wurde die Heimatstube in ihrer heutigen Form eröffnet. Den Besucher erwarten viele Gegenstände zu Familien und Personen früherer Generationen, die in Schaephuysen oder Rheurdt gelebt haben.

Blick in die alte Küche.

Bunt gemischt: Sammlungen mit Keramik vom Niederrhein und historischen Schreibmaschinen.

Die gut erhaltene Werkstatt eines Schuhmachers.

22 Werkstattgalerie und Uhrenmuseum Hubben

»Wer hat an der Uhr gedreht?«

Ob Quarz-, Funk- oder Solaruhren – es gibt viele Möglichkeiten, die Zeit zu messen. Über den Bau dieser sensiblen Instrumente sowie die Funktionsweise optischer Geräte informiert das Uhrenmuseum Hubben. Die Zeit für einen ausgedehnten Besuch sollte man sich nehmen.

Adresse
Niederrheinallee 330a
47506 Neukirchen-Vluyn
Kontakt
Telefon: 02845/22 35
E-Mail: Peter-hubben@t-online.de

Öffnungszeiten
Nur nach telefonischer Vereinbarung.
Eintritt
Eintritt frei.

Den Besucher erwartet eine Zeitreise – im wahrsten Sinne des Wortes. 1896 eröffnete Uhrmachermeister und Augenoptiker Johann Hubben sein Geschäft in Rheurdt, das 1921 nach Vluyn verlegt wurde. 1932 erfolgte der Neubau des Geschäftshauses, in dem sich das Unternehmen noch heute befindet. 1991 wurde die Werkstattgalerie (auf einer ehemaligen Kegelbahn) eröffnet. Ausgestellt wird eine

Der Arbeitsplatz von Johann Hubben.

alte Uhrmacherwerkstatt mit Werkzeug, Werkbänken, historischer Fachliteratur und einer großen Anzahl alter Uhren und optischer Geräte. All diese Exponate geben einen Einblick in die Arbeitswelt des Uhrmachers am Niederrhein in den vergangenen Jahrzehnten. Alte Messgeräte, Halbfabrikate und Werkzeuge aus der Augenoptik zeigen auch die Entwicklung von selbstständigen Fachrichtungen innerhalb des Unternehmens Hubben. Die größte Uhr ist eine alte Turmuhr aus Sevilla von 1868 mit einer interessanten Geschichte. In den Räumlichkeiten wurden verschiedene Ausstellungen zu den Themen »Die Uhr an der Kette – Taschenuhren«, »Aquarelle mit Uhrenmotiven« und »Bergmannsgeleucht« gezeigt. Es gibt auch einige Keramikartikel, sogenannte Pottbäckerware, vom Niederrhein zu bewundern. Wer sich für Keramik interessiert, dem sei auch das Keramikmuseum Tietz (S. 36) und die Gommansche Mühle (S. 30) in Sonsbeck empfohlen.

Die Turmuhr von Sevilla (1868).

»Der Knödelesser«.

Radiomuseum Duisburg

Auf der Suche nach der richtigen Welle

Radios sind bis heute Teil unseres Alltags, und sie erzählen Geschichten von gestern und heute. Die Besucher des Radiomuseums erwartet Wissenswertes über die ersten Rundfunkjahre und die Entwicklungsgeschichte der Radioröhren.

Adresse
Bergiusstr. 27
47119 Duisburg-Ruhrort
Kontakt
Telefon: 0203/500 87 55
E-Mail: kontakt@radiomuseum-duisburg.de

Öffnungszeiten
Sonntag von 11.00 bis 14.00 Uhr und Donnerstag von 11.00 bis 18.00 Uhr, Gruppenbesuche nach Vereinbarung.
Eintritt
Erwachsene € 2,00, Kinder ab 7 Jahre € 1,00, Gruppenpreise auf Anfrage.
Weitere Informationen
www.radiomuseum-duisburg.de

Lange bevor es Fernseher gab, waren Radios bereits in den Haushalten angekommen und informierten den Hörer über alles Wissenswerte. Im Radiomuseum in Duisburg erwarten den Besucher etwa 350 alte Radio-Modelle (viele noch funktionstüchtig) aus den Anfängen des Radios und seiner Weiterentwicklung. Die Ausstellung richtet sich an Groß und Klein, Technikfreaks und Nostalgiker sowie Liebhaber historischer Objekte. Früher hatten die Radios Namen wie »Der Herr im Frack«, »Keksdose«, »Katzenkopf« und viele mehr. Des Weiteren gibt es Informationen zur Entwicklung des Rundfunks in Deutschland und des Radioprogramms im Wandel der Zeit: zum Beispiel zur ersten öffentlichen

Einst auf dem Stand der Technik: »Graetz Komtess 214« von 1956 und »Telefunken U-Boot« von 1935.

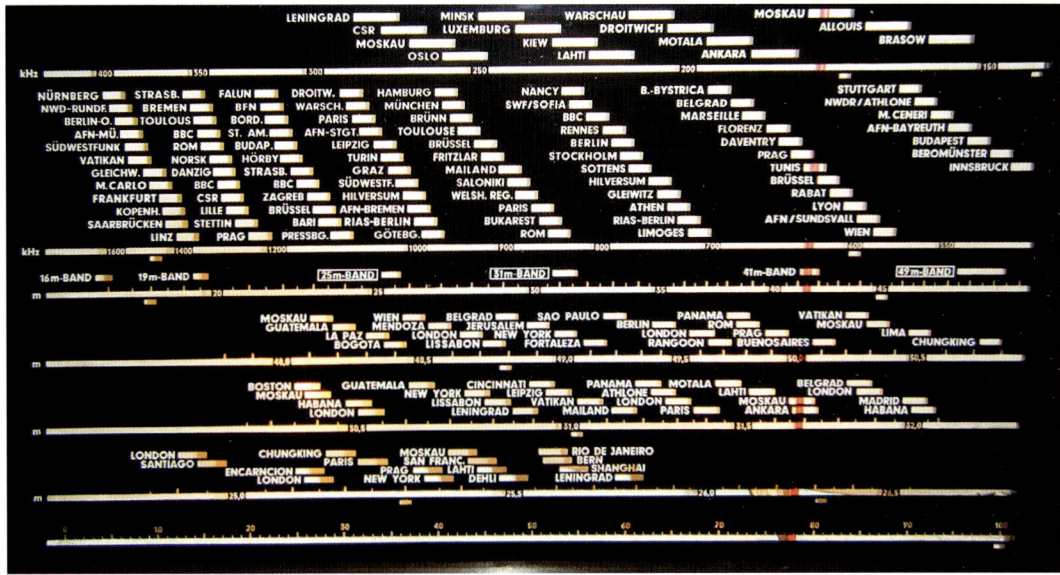

Display eines Siemens-Radios »Typ 780« von 1949/50 – Neupreis damals DM 1.000.

Rundfunkübertragung eines Weihnachtskonzerts von dem Sender Königs-Wusterhausen der Reichspost in Deutschland, die am 22. Dezember 1920 stattfand. Dieses Ereignis war ein bedeutender Meilenstein in der Entwicklung des öffentlichen Rundfunks in Deutschland. Ende der 1920er-Jahre wurden dank neuer Fertigungsmethoden besonders Röhrenradios deutlich preiswerter angeboten. So wurde das erste weitverbreitete Gerät im deutschsprachigen Raum der fünf Jahre lang von Audion produzierte Ortsempfänger »OE333« der damaligen Loewe-Audion GmbH (zuvor Radio Frequenz Loewe) in Berlin-Steglitz, vorgestellt auf der Funkausstellung 1926. Wegen der modernen Methoden wird Siegmund Loewe in der englischsprachigen Literatur als »deutscher Henry Ford« beschrieben. Der »OE333« kostete 36,50 Reichsmark einschließlich der Dreifachröhre »3NF« (vergleichbar mit der späteren »ECC83«).

Lediglich die entsprechende Antennenspule aus Draht musste dazugekauft werden. Das Museum wird in Privatinitiative des Fördervereins Radiomuseum-Duisburg e.V. betrieben – es gibt auch Fachvorträge, Sonderschauen oder Tauschbörsen, Infos hierzu entnehmen Sie bitte der Internetseite.

Tipp

Ein paar Hundert Meter entfernt lädt die Ruhrorter Personenschifffahrt zu einer interessanten Hafenrundfahrt am Steiger Schifferbörse ein. Infos hierzu bitte der Internetseite www.hafenrundfahrt-duisburg.de entnehmen.

24 Rheinhauser Bergbausammlung e.V.

Technik, die für Sicherheit sorgt

Unter Tage zu arbeiten, war und ist ein risikoreiches Unterfangen. Zum Glück sorgen ausgefeilte Arbeitsgeräte für die nötigen Schutzvorkehrungen, um sicher und effizient den wertvollen Rohstoff Steinkohle fördern zu können.

Adresse
Auf dem Berg 9, 47228 Duisburg-Rheinhausen
Kontakt
Telefon: 02065/62 959
E-Mail: kontakt@radiomuseum-duisburg.de
Öffnungszeiten
Donnerstag von 9.00 bis 16.00 Uhr und jeden
ersten Sonntag im Monat von 14.00 bis 16.00 Uhr,

Gruppenbesuche, Schulen und Kindergärten
nach Vereinbarung.
Eintritt
Eintritt frei, Spenden erwünscht.
Weitere Informationen
www.bergbausammlung.de

Bergbau hat in Duisburg eine lange Tradition. Nach Stilllegung der letzten Schachtanlagen in Rheinhausen (Diergardt 1967 und Mevissen 1973) fanden sich private Sammler und ehemalige Bergleute zusammen und schufen mit Unterstützung des Sponsors Firma Götzen eine Sammlung von etwa 500 Exponaten. Die erste Ausstellung eröffnete 1983 im Lichthof der ehemaligen Zeche

Eine Lore mit Kohle auf dem Gelände der Bergbausammlung.

Das Domizil der Rheinhauser Bergbausammlung.

Diergardt. Nach einigen Umzügen erwarten den Besucher heute über 1.000 Exponate aus der Bergbaugeschichte der Zechengruppe Diergardt-Mevissen in Rheinhausen, darunter Arbeitsgeräte, Lampen, Signaleinrichtungen, Geleucht, Mineralien, Urkunden und Fotos. Ein funktionstüchtiges Modell der Zeche Diergardt 1/2 mit Grubenpferd und Pferdejungen führt die Besucher in den Betrieb des Bergwerks ein. Viele weitere Modelle des Modellbauers Heinz Cording im Maßstab 1:30 zeigen die Arbeit der Bergarbeiter, zum Beispiel an einer Hobelanlage oder im Schrägbau.

Die Sammlung richtet sich nicht nur an Bergleute, sie soll die Geschichte des Bergbaus in Rheinhausen auch interessierten Laien nahebringen. Führungen dauern zwischen ein und zwei Stunden, alle Gruppen sehen den Film »Bergbau früher und heute« und erleben einen Rundgang mit Erklärungen erster Hand.

Bienenmuseum Duisburg

»Summ summ summ! Bienchen summ herum!«

Ob Biene, Wespe oder Hummel – im Bienenmuseum Duisburg erfährt man alles über die fleißigen Helfer. Detailliertes Wissen über das Leben der Insekten lässt nicht nur jedes Imkerherz höher schlagen, sondern auch Laien kommen bei einem Besuch auf ihre Kosten.

Adresse
Schuallee 11, 47239 Duisburg-Rumeln
(Auf dem Gelände des Albert-Einstein-
Gymnasiums neben der Sporthalle)
Kontakt
Telefon: 02841/51 434
E-Mail: udoschmelz@t-online.de
Öffnungszeiten
Mittwoch und Samstag von 15.00 bis 18.00 Uhr,
Gruppenbesuche, Schulen und Kindergärten

jederzeit nach telefonischer Absprache möglich
(Ansprechpartner siehe Internetseite).
Eintritt
Erwachsene € 2,50, Kinder € 1,00,
Gruppenpreise auf Anfrage.
Weitere Informationen
www.bienenmuseumduisburg.de oder
www.bimu-du.de

Ein kunstvoll verzierter Bienenkorb.

Praktisch: Bienenkorb mit Tragegriff.

Der Kreisimkerverband Duisburg e.V. betreut seit 1959 das Bienenmuseum in Duisburg Rumeln-Kaldenhausen. Imkerinnen, Imker und alle, die sich für eine zeitgemäße Bienenhaltung interessieren, werden durch ein breites Seminarangebot für eine erfolgreiche Imkerei und Bienenhaltung unterstützt. Darüber hinaus informiert das Bienenmuseum ausführlich über die Verwandten der Honigbiene wie Wespen, Hornissen, Hummeln und solitär lebende Bienen in ihren Lebensweisen und ihre Bedeutung für Mensch und Natur.

Tafeln informieren die Besucher.

In einem Glasschaukasten können die Besucher die Aktivitäten eines Bienenvolkes beobachten: die Königin bei der Eierablage, Ammenbienen, die die Brut pflegen, und Arbeiterbienen beim Wabenbau und Polleneintragen. Viele Exponate und nahezu alle Imkerwerkzeuge, Imkerkleidung, Räuchergeräte, Fütterungseinrichtungen, Honigschleudern, Wachspressen und Wachsgussformen sowie Bienenwohnungen (Bienenbeuten) erwarten den Besucher.

In verschiedenen Anschauungs- und Experimentiermodellen erfährt der Besucher unter anderem, wie Bienen Pollen sammeln, wie sie Wachs erzeugen, wie sie miteinander reden und wie der Insektenflug im polarisierten Licht funktioniert.

26 Dorfmuseum Hinsbeck

Alltag und Arbeit in früheren Zeiten

Dinge des täglichen Lebens und Arbeitsgeräte früherer Generationen – ein Besuch im Dorfmusik Hinsbeck hält die Erinnerungen an längst vergangene Zeiten lebendig.

Adresse
Auf der Schomm 1, 41334 Nettetal-Hinsbeck
Kontakt
Telefon: 02153/95 78 417
E-Mail: info@vvvhinsbeck.de
Öffnungszeiten
Juni bis September: jeden ersten Sonntag im Monat von 11.00 bis 17.00 Uhr und an Christi Himmelfahrt von 11.00 bis 18.00 Uhr, Gruppenführungen nach telefonischer Absprache

möglich: Ralf Hendrix 02153/95 78 417 oder Heinz Koch 02153/64 01
Eintritt
Eintritt frei, Spenden erwünscht.
Weitere Informationen
www.vvvhinsbeck.de
Hinweis
Nach umfangreichen Renovierungsarbeiten wird sich das Museeum den Besuchern in neuem Glanz präsentieren.

Unter dem Motto »Leben und Arbeiten im Dorf« werden im Dorfmuseum des Verkehrs- und Verschönerungsvereins Hinsbeck viele Gebrauchsgegenstände aus früherer Zeit gezeigt, nicht nur aus dem bürgerlichen Leben und dem

In der Imkerei.

Hier gibt es zahlreiche Informationen zur Lederverarbeitung.

Die Püppchen haben es sich fein gemacht.

Beim Krämer: ein historischer Laden.

Handwerk, sondern auch alte Geräte, die beim Ackerbau und der Viehzucht verwendet wurden. Präsentiert wird unter anderem ein 200 Jahre alter Hauswebstuhl, mit dem über Generationen hinweg Leinen aus Hinsbecker Flachs gewebt wurde. Ein Tante-Emma-Laden, Schuster-, Schneiderwerkstätten sowie alte Säge- und Erntemaschinen sind ebenso zu sehen. Wechselnde Ausstellungen, Lesungen und Vorträge runden das Angebot ab. Im Fotoarchiv gibt es viele alte Fotos und Bilder, die verschiedene Bereiche des Alltags- und Arbeitslebens sowie die Wandlung des Ortsbildes darstellen.

27 Niederrheinisches Freilichtmuseum

Fachwerkhäuser und Handwerkskultur unter freiem Himmel

»Leben und Arbeiten am Niederrhein in vortechnisierter Zeit«, diesem Thema widmet sich das Niederrheinische Freilichtmuseum und erfüllt darüber hinaus auch wissenschaftliche Aufgaben. Das perfekte Ausflugsziel für Groß und Klein.

Adresse
Am Freilichtmuseum 1
47929 Grefrath
Kontakt
Telefon: 02158/9173-0
Fax: 02158/91 73 16
E-Mail: freilichtmuseum@kreis-viersen.de
Öffnungszeiten
April bis Oktober: Dienstag bis Sonntag von 10.00 bis 18.00 Uhr, Montag geschlossen; November bis März: Dienstag bis Sonntag von 10.00 bis 16.00 Uhr, Montag geschlossen; Ostermontag und Pfingstmontag geöffnet, am Karfreitag sowie am 24./25. und 31. Dezember geschlossen. Auskünfte und Buchungen von Führungen und Programmen unter 02158/9173-0.
Eintritt
Erwachsene € 4,50, Kinder von 7–17 Jahren € 1,50, ermäßigte Karten € 3,50, Familienkarte € 9,00, Familienjahreskarte € 25,00; Führungen bis 30 Personen € 30,00, Schulklassen/Kindergärten € 15,00.
Hinweis
Das Museum ist barrierefrei und teils über Aufzüge erreichbar.

Die schöne Dorenburg.

Das Niederrheinische Freilichtmuseum des Kreises Viersen zeigt die bäuerlich-handwerkliche Kultur des Niederrheins. In historischen Hofanlagen, Werkstätten, einem Tante-Emma-Laden, einer Bügelbahn und vielem mehr erfahren die Besucher, wie die Menschen der Region in der Vergangenheit gelebt und gearbeitet haben. In der denkmalgeschützten Dorenburg finden außerdem regelmäßig wechselnde Sonderausstellungen statt. Eine Besonderheit ist das Spielzeugmuseum: In diesem »Museum im Museum« wird auf insgesamt drei Etagen Spielzeug der letzten 200 Jahre präsentiert – u.a. eine große Eisenbahnanlage. Führungen und Programme zu unterschiedlichen

Die Eisenbahnanlage im Spielzeugmuseum begeistert Groß und Klein.

Tipp

In den Gebäuden der ehemaligen Posthalterei aus Willich-Schiefbahn ist die Museumsgaststätte »Pannekookehuus« untergebracht. Niederrheinische Spezialitäten werden hier im stilvollen Fachwerkambiente oder bei schönem Wetter auf der Terrasse mit Blick auf das Museumsgelände angeboten. Das »Pannekookehuus« ist geöffnet: April bis Oktober: Dienstag bis Sonntag von 12.00 bis 21.30 Uhr, Montag geschlossen; November bis März: Dienstag bis Sonntag von 12.00 bis 20.00 Uhr, Montag geschlossen. Anfragen und Reservierung unter 02158/1016.

Themen sind für Kinder und Erwachsene frei buchbar. Zahlreiche Sonderausstellungen- und Veranstaltungen wie der »Mairitt« mit Kaltblutpferden sind fester Bestandteil des Jahresprogramms.

Kinder können bei allerlei Programmen mitmachen.

28 Heimatmuseum Oedt

Vielerlei ist nicht Einerlei

Vor- und Frühgeschichte, soziale Einrichtungen oder die ansässige Textilindustrie: Oedt hat stadtgeschichtlich viel zu bieten. Zu besichtigen sind die zahlreichen Exponate im Gewölbekeller der alten Villa Girmes.

Adresse
Johannes-Girmes-Str. 21
47929 Grefrath-Oedt
Kontakt
Telefon: 02158/63 15
E-Mail: heimatverein-oedt@t-online.de

Öffnungszeiten
Jeden ersten Sonntag im Monat von 14.00 bis 17.00 Uhr, Führungen für Schulklassen, Vereine und Gruppen nach Vereinbarung.
Eintritt
Eintritt frei, Spenden erwünscht.
Weitere Informationen
www.heimatverein-oedt.de

Die Villa Girmes beherbergt das Heimatmuseum.

Ein Webstuhl aus alter Zeit.

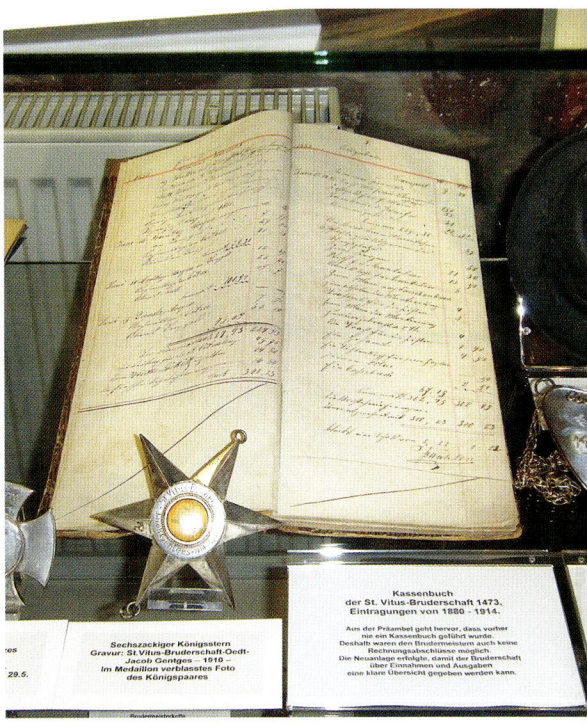

Unterlagen und Orden der St. Vitus Schützenbruderschaft 1473 Oedt e.V.

Das Oedter Heimatmuseum befindet sich im Gewölbekeller der Girmes-Villa. Diese wurde 1896 als Wohnsitz des Fabrikanten Dietrich Girmes erbaut und steht heute unter Denkmalschutz. Nach der Renovierung der Villa im Jahre 1989 wurde die Präsentation der mehr als 7.000 Museumsexponate des Oedter Heimatmuseums neu strukturiert und in fünf Räumen nach elf Themenkreisen gegliedert ausgestellt. Die Themen sind u.a.:

- Modell der Ortsansicht Oedt von 1825 und Modell des Heimers-Hofes
- Gedenkraum an die Gefallenen der Kriege
- Gegenstände von Ausgrabungen an der Burg Uda

- Mammutzähne, Schwert aus der Wikingerzeit, Grabfunde aus der Frankenzeit, Erinnerung an die Familien Mooren, Girmes und Peter Mertes & Söhne
- Gegenstände, Dokumente und Fotos von Oedter Vereinen
- Unterlagen über die Kirchengemeinde und Kolpingfamilie Oedt
- Modell der Oedter Kirche von 1170 und zweier originaler Figuren

Es ist kaum zu glauben, wie viele Exponate für das Museum zusammengetragen wurden und heute den Besucher erwarten.

29 Burg Uda

Der Turm an der Niers

Von der einstigen Burg, dem Wahrzeichen von Oedt, sind ein imposanter Rundturm, das Fundament sowie Reste des Mauerwerks erhalten geblieben. Bilddokumentationen informieren über die Geschichte der Burg, des Ortes und der nahen Niers.

Adresse
Zur Burg Uda
47929 Grefrath-Oedt
Kontakt
Telefon: 02158/40 80 612
E-Mail: heimatverein-oedt@t-online.de

Öffnungszeiten
April bis Oktober: Sonntag von 11.00 bis 17.00 Uhr sowie Führung von Mai bis Oktober an jedem ersten Samstag im Monat um 14.00 Uhr.
Weitere Informationen
www.heimatverein-oedt.de

Luftbild der Burg Uda.

Die Burg Uda wurde 1313 erstmals urkundlich erwähnt und war über lange Zeit eine Grenzfeste gegenüber den Herzogtümern Geldern und Jülich. Die Burg und die Siedlung haben eine sehr wechselhafte Geschichte hinter sich: Im Jahre 1643 wurden die Burg und der Ort Oedt durch hessische Truppen gebrandschatzt und nicht wiederaufgebaut. Bis auf den heute unter Denkmalschutz stehenden Turm wurden 1757 die Reste der Burganlage von französischen Truppen zum Bau einer Straße durch das Niersbruch nach Süchteln-Hagenbroich verwendet. 1955 kaufte die Gemeinde Oedt die Burgruine und in den nachfolgenden Jahrzehnten wurden viele interessante Funde auf dem Gelände der Burg gemacht. 1987 wurde die Burg in die Denkmalliste NRW eingetragen und instand gesetzt. In dem erhaltenen Süd-Ost-Turm der Burg Uda mit einer Höhe von 23,55 Metern gibt es auf sechs Etagen eine sehr interessante Heimatausstellung mit Informationen über die Burg Uda, die Gemeinde Oedt und den Niersverband sowie eine Aussichtsplattform zu besichtigen. Die Aussichtsplattform erreicht man über 123 Stufen. Doch die Anstrengung wird mit einem fantastischen Ausblick über Oedt und die nähere Umgebung belohnt.

Im Trauzimmer der Burg Uda können auf Wunsch standesamtliche Trauungen stattfinden, Informationen hierzu erhalten Sie unter 02158/4080-302.

Tipp

Nach dem Besuch der Burg Uda sollten Sie das Heimatmuseum Oedt in der alten Girmes-Villa (siehe Seite 68) besuchen. Dort sind u.a. alte Fundstücke von Ausgrabungen an der Burg Uda zu besichtigen.

Der alte Bergfried.

Eine Tafel informiert über die Burggeschichte.

30 Historisches Gefängnismuseum Niederrhein

Geschichte hinter Gittern

Alltägliches und Kurioses aus dem Strafvollzug erwartet seit 2003 die Besucher des Gefängnismuseums in Anrath. Ein Besuch ist alles andere als eine Strafe und endet nach etwa zweieinhalb Stunden.

Adresse
Gartenstr. 3
47877 Willich-Anrath
Kontakt
Telefon: 02156/49 98 825
E-Mail: info@gefaengnismuseum.de
Öffnungszeiten
Termine können der Internetseite entnommen werden, Gruppenführungen (ab 8 Personen) nach Vereinbarung.

Eintritt
€ 3,00 pro Person – das Eintrittsgeld wird für die Restaurierung und Renovierung des alten Hauses und für eine Reiseausstellung verwendet.
Weitere Informationen
www.gefaengnismuseum.de oder
www.potthusaren.de

Spartanische Zellen.

Das alte Direktorenhaus der JVA beherbergt das Museum.

Die Potthusaren verstehen sich als eine der Sebastianus Bruderschaft Anrath von 1463 angeschlossenen Schützengruppe, die die im Rawiczer Reglement von 1835 aufgezeigten und bis 1939 vorgeschriebenen Uniformen der preußischen Strafanstalten trägt, um einen nahezu vergessenen gefängnishistorischen Abschnitt zu erhalten. Der Begriff »Potthusaren« geht zurück auf ein von 1906 bis 1914 in Krefeld stationiertes Husarenregiment, deren Offiziersuniformen denen der damaligen Strafvollzugsbeamten in einer Weise glichen, dass letztere nicht selten mit Husarenoffizieren verwechselt wurden. Da das königliche Gefängnis in Anrath im Volksmund als »Pott« bezeichnet wurde, war für die in diesem Gefängnis tätigen Vollzugsbeamten der Begriff

»Potthusaren« rasch geprägt. Die Gruppe der Potthusaren gründete sich im Jahre 1982 aus 16 Beamten der Justizvollzugsanstalt Willich I Männerhaus.

In dem alten Direktorenhaus der JVA Willich werden mit etwa 4.500 Exponaten der Alltag und die Geschichte des Strafvollzuges erklärt. Die Führung dauert ungefähr 2,5 Stunden und es werden zwei nachgebildete Hafträume, Kreatives von Häftlingen, Uniformen, Transportfahrzeuge, Ausbruchswerkzeug und historische Dokumente gezeigt. Fast jedes Exponat hat seine eigene Geschichte, so bekommt man einen Einblick hinter die Mauern, wo sonst keiner hinschauen darf oder möchte. Dieses Museum ist einzigartig in NRW und wird von den Potthusaren, die das Museum ehrenamtlich betreiben, betreut.

Kamps Pitter Museum

Erinnerungsstücke aus der »guten alten Zeit«

Alte Werkstätten, Küchen und Wohnräume – die schön gestalteten Ausstellungsräume lassen viele Erinnerungen wiedererwachen. Die Exponate sind das Resultat einer beachtlichen Bürgerinitiative, die das Ziel hat, altes Wissen weiterzugeben.

Adresse
Albert-Oetker-Str. 108, Zugang über den Schulhof.
47877 Willich
Kontakt
Telefon: 02154/7 9 96 (Geschäftsstelle) oder
0152/33 65 13 94
Telefon: 02154/81 22 803 (Museum)
E-Mail: willichheimat@outlook.de

Öffnungszeiten
Jeden zweiten Sonntag von 13.00 bis 18.00 Uhr
und nach Vereinbarung unter 0152/33 65 13 94.
Eintritt
Eintritt frei, Spenden erwünscht, Führungen ab
10 Personen kosten pro Person € 2,50.
Weitere Informationen
www.heimatverein-willich.de

Die Sammlung des Heimatmuseums wird seit 1950 aufgebaut und beinhaltet etwa 6.000 Exponate. Schwerpunkte sind die geschichtliche Entwicklung der vier Gemeinden der Stadt Willich, das Wohnen, Leben und Arbeiten im 19. und 20. Jahrhundert, die Veränderung der Landwirtschaft und deren Mechanisierung sowie die Verarbeitung von Flachs. Die Ausstellung zeigt unter anderem Mammutknochen (gefunden auf Willicher Gebiet) und Funde aus der Stein- und Römerzeit, Darstellungen des Ortes Schiefbahn mit Stadttoren und

Das Museum bei Nacht.

Blick in die Ausstellungsräume.

Ein altes Schlafgemach.

Wällen als Modell, Handwerkszeug aus dem 19. und 20. Jahrhundert sowie religiöse Sammlungen, z.B. eine umfangreiche Totenzettelsammlung. Die baulichen und besitzmäßigen geschichtlichen Entwicklungen von über 400 Bauernhöfen sind in einer Datei erfasst. Es gibt eine Wohnungseinrichtung aus der Zeit des 20. Jahrhunderts sowie eine Waschküche und ein Schusterhaus. Auch die alte Filmvorführmaschine aus dem Kino »Capitol« hat hier ihren Platz gefunden. Im Außenbereich sind bäuerliche Großgeräte in mehreren Remisen untergebracht. Zudem werden die Fenster mit den »Zechkumpanen« aus dem alten Brauhaus hier aufbewahrt. Im Museum finden regelmäßig Veranstaltungen statt, wie Mundartnachmittage, Filmvorführungen, Lesungen und Vorträge.

32 Der Schluff® – Historische Dampfeisenbahn

Mit der Bahn ins Grüne

Eine Fahrt mit dem Schluff® allein ist schon ein Ereignis. Die Museumseisenbahn bringt Sie aber auch vom Hülser Berg über den Nordbahnhof bis nach St. Tönis, wenn Sie eine Wanderung oder eine Tour mit dem Fahrrad durch das schöne Ausflugsgebiet am Niederrhein unternehmen möchten.

Adresse
Oranierring 91
47798 Krefeld
Haltestellen
Hülser Berg: Talring 110, 47802 Krefeld;
St. Tönis: Wilhelmplatz, 47918 Tönisvorst.
Kontakt
Telefon: 02151/98 44 82

E-Mail: unternehmenskommunikation@swk.de
Weitere Informationen
Fahrpreise für den Schluff® sowie alles zu Sonderfahrten in den Ferien und an Feiertagen finden Sie unter www.swk.de/freizeit-schluff. html. Der Schluff® ist eine eingetragene Marke der SWK Stadtwerke Krefeld AG.

Der Schluff® am Bahnsteig.

Tipp

Am Hülser Berg gibt es einen 29 Meter hohen Aussichtsturm mit wunderbarem Blick über die niederrheinische Landschaft, einen Kinderspielplatz, einen Waldlehrpfad, einige Restaurants, einen Trimmpfad und viele Wanderwege.

Der Schluff® – Krefelds historische Dampfeisenbahn – gehört zu den ältesten Privatbahnen in Deutschland. Bereits 1868 wurde die Vorgängergesellschaft der Crefelder Eisenbahn gegründet. Der Name »Schluff« erinnert an das zischende Geräusch der Lok, das dem eines schlurfenden Pantoffels – niederrheinisch »Schluffe« – ähnlich ist. Von dem Streckennetz der bis heute privaten Eisenbahn ist die Verbindung zwischen St. Tönis und Hülser Berg erhalten geblieben. An jedem Sonntag (seit 1980) von Mai bis September fahren hunderte von Fahrgästen mit dem Schluff® von St. Tönis über

Unter Dampf: Der Schluff® schnauft durch die Landschaft.

den Nordbahnhof zum Naherholungsgebiet Hülser Berg. Mitgebrachte Fahrräder finden in einem eigens dafür angehängten Packwagen Platz.

Ausfahrt zum Hülser Berg.

33 Museum Mensch und Jagd

Ab auf die Pirsch

Fressen und gefressen werden: Dieses harte Gesetz der Natur findet Ausdruck in der Burg von Brüggen. Das dortige Museum thematisiert die Geschichte und Gegenwart der Jagd. Der wohl ursprünglichste Trieb wird anschaulich und umfänglich dargestellt und aufbereitet.

Adresse
Burgwall 4, 41379 Brüggen
Kontakt
Telefon: 02163/57 01 47 11
E-Mail: Baerbel.Weinmann@Brueggen.de
Ansprechpartnerin: Frau Bärbel Weinmann
Öffnungszeiten
Hauptsaison (März bis Oktober): Dienstag bis Sonntag von 10.00 bis 16.00 Uhr, Montag Ruhetag; Nebensaison (November bis Februar): Dienstag bis Freitag und Sonntag von 10.00 bis 16.00 Uhr, Montag und Samstag geschlossen. Allerheiligen, Altweiberdonnerstag, Karfreitag und Weihnachten bis Neujahr geschlossen.

Eintritt
Familien (zwei Erwachsene und zwei Kinder) € 6,00, Erwachsene € 3,00, Kinder bis 16 Jahre, Schüler, Auszubildende, Studenten, Schwerbehinderte € 2,00, Gruppen ab 20 Personen € 2,00 pro Person, Museumsführungen werktags € 25,00, am Wochenende € 30,00.
Weitere Informationen
Alle Etagen sind rollstuhlgeeignet und ein Aufzug ist vorhanden. Audioguides (deutsch/niederländisch) stehen kostenfrei zur Verfügung.

Die romantische Burg Brüggen.

Rundgang durch den »Wald«.

Das Museum Mensch und Jagd ist seit 1979 in der Burg Brüggen untergebracht. Die besondere Themenkombination ist einzigartig in Deutschland: »Gute Gründe für die Jagd heute«, »Die Geschichte der Jagd« und verschiedene Sonderausstellungen. Ergänzt werden diese Themengebiete durch eine 1989 eingerichtete Informationsstelle des Naturparks Schwalm-Nette mit Dioramen der typischen Lebensräume der Naturparklandschaft.

Nachgestellte Szenen und Infotafeln erklären den Ursprung der Jagd in der Steinzeit.

34 Tuppenhof Museum

Begegnungsstätte für bäuerliche Geschichte und Kultur

Die gut erhaltene Hofanlage bietet mannigfaltige Möglichkeiten, um das Arbeits- und Alltagsleben vorheriger Generationen intensiv zu erforschen und zu entdecken.

Adresse
Rottes 27
41564 Kaarst
Kontakt
Telefon: 02131/51 14 27
E-Mail: info@tuppenhof.de
Öffnungszeiten
1. Mai bis 31. Oktober: Samstag von 14.00 bis
18.00 Uhr und Sonntag von 11.00 bis 18.00 Uhr,

Sonderveranstaltungen entnehmen Sie bitte
dem Internet.
Eintritt
Erwachsene € 2,50, Kinder € 1,50, Familien
€ 5,00, Gruppen € 50,00, Gruppenführungen
€ 70,00, Anmeldungen bitte sieben Tage im
Voraus unter: 02131/51 48 50.
Weitere Informationen
www.tuppenhof.de

Der Tuppenhof ist eine typisch gewachsene rheinische Hofanlage, die sich aus einem ursprünglichen Dreiseithof des 18. Jahrhunderts im 19. Jahrhundert zu einer Vierkanthofanlage entwickelt hat.

Blick in den Innenhof der Anlage.

Nach dem Tod von Bauer Schmitz setzte sich der Heimatforscher und Künstler H.W. Gerresheim für den Erhalt des Tuppenhofs ein, der dann unter Denkmalschutz gestellt wurde. 1990 fand man bei Aufräumarbeiten umfangreiche Urkunden beginnend mit dem Jahre 1685, die bis in die Mitte der 1980er-Jahre reichten. Damit konnte die Geschichte des Hofes und seiner Bewohner gründlich erforscht werden. 1990 gründete sich der Museumsförderverein Kaarst e.V., der dann eine Förderung bei der NRW-Stiftung beantragte. Nach der Bewilligung konnte mit der Sanierung und dem Ausbau zum Tuppenhof-Museum begonnen werden. Im Mai 1999 konnte das Museum eröffnet werden. Den Besucher erwarten heute:

Ländliche Idylle.

- die Anlage Tuppenhof an sich als Zeugnis einer historischen Hofanlage
- ein Museum mit Dauerausstellung »Das Leben wie vor 100 Jahren« und Wechselausstellungen
- eine Begegnungsstätte für die unterschiedlichsten Veranstaltungen
- eine wissenschaftliche Forschungsstätte
- ein Archiv und eine Bibliothek für insbesondere heimat- und familiengeschichtlich Interessierte
- eine Außenanlage, typisch für Gehöfte der vergangenen Zeit
- ein Museumsshop und eine Cafeteria mit den Öffnungszeiten des Museums
- ein Backhaus
- kindgerechte Erklärungen und Aufgaben
- museumspädagogische Angebote speziell für Kinder
- ein grünes Klassenzimmer

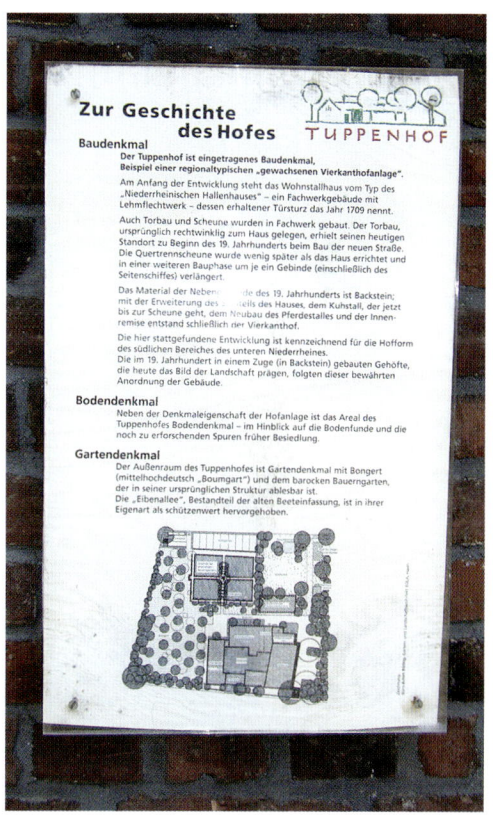

Wissenswertes zur Hofgeschichte.

35 Rheinisches Schützenmuseum Neuss

Von Bruderschaften und Gilden

»Schützen marschieren durch die Zeit«. Unter diesem Motto präsentiert eine Dauerausstellung Spannendes aus mehreren Jahrhunderten. Ganz in der Nähe befindet sich eines der Neusser Wahrzeichen – das Obertor.

Adresse
Oberstr. 58
41460 Neuss
Kontakt
Telefon: 02131/90 41 44
E-Mail: info@rheinisches-schuetzenmuseum.de

Öffnungszeiten
Mittwoch und Sonntag von 11.00 bis 17.00 Uhr
Eintritt
Eintritt frei, Spenden erwünscht, Führungen mit maximal 20 Personen € 40,00.
Weitere Informationen
www.rheinisches-schuetzenmuseum.de

Das Rheinische Schützenmuseum in Neuss.

Wie lebendig das Schützenwesen im Rheinland tatsächlich ist, kann jeder als Besucher oder Teilnehmer eines Schützenfestes selbst miterleben. Das Schützenwesen im Rheinland kann auf eine nahezu 700-jährige Geschichte zurückblicken. 2004 wurde das Rheinische Schützenmuseum gegründet, den Besucher erwarten Informationen über die Anfänge der Schützenbruderschaften und -gilden in der Frühen Neuzeit, die Entwicklung hin zum bürgerlichen Verein des 19. Jahrhunderts und die Erscheinungsformen der Vereine und Bruderschaften in der Gegenwart. Ziel des Museums ist es, Schützengeschichte anschaulich und lebendig werden zu lassen. Zu sehen sind neben den vielen Objekten »mit Geschichte« auch historische Filme, Fotos und Archivalien.

Blick in das Museum.

Mit dieser Festkarte wurde 1898 zum Schützenfest geladen.

36 Holzleitner Museum für Waschgeschichte

Clementine hätte ihre Freude daran

Alles, was zum Waschen in der Vergangenheit nötig war, welche Vorgehensweisen und Technologien angewendet wurden, um die Wäsche wieder rein zu waschen, und wie sich diese Prozesse gewandelt haben, kann man im Museum für Waschgeschichte erfahren.

Adresse
Trompeter Allee 140, 41189 Mönchengladbach
Kontakt
Telefon: 02166/960 00 13
E-Mail: mschaefers@holzleitner.de
Öffnungszeiten
Montag bis Freitag von 8.00 bis 16.30 Uhr,
Gruppenführungen nach Terminabsprache unter

02166/960 00 13 oder per E-Mail:
mschaefers@holzleitner.de
Eintritt
Eintritt frei.
Weitere Informationen
www.holzleitner.de

Zuerst war da ein wunderschönes Altgerät – viel zu schade zum Entsorgen – es wurde in die Ecke der Verkaufsausstellung gestellt und zu Dekorationszwecken wurden noch einige Waschbretter aufgehängt. Das war der

Der Kühlschrank von 1939 wurde mit Trockeneis betrieben.

Mechanische Wäschemangel von 1900.

Bottich mit »Waschzauber«.

Eine Rondo-Elektro-Waschmaschine, die heutigen sehen etwas anders aus – oder? ▼

Anfang der Sammlung. Seit den 1960er-Jahren werden defekte Altgeräte, Waschbretter, Holzbottiche, Waschkessel, der erste Geschirrspüler, ein Kühlschrank aus dem Jahre 1939 und vieles mehr gesammelt, restauriert, geordnet, beschrieben und gestaltet. Irgendwann reifte die Idee, diese Exponate in einem kleinen Waschmaschinenmuseum auszustellen. Nach wirklich jahrelanger Vorbereitung wurde das Holzleitner Museum für Waschgeschichte 1999 eingeweiht. Vieles – Waschbretter, Puppenstuben oder alte Wäsche – hat Frau Holzleitner auf Flohmärkten erworben und in die Ausstellung integriert.

Es ist toll, dass diese einmaligen Ausstellungsstücke einer breiten Öffentlichkeit präsentiert werden. Lassen Sie sich bei einem Besuch von der Vielfalt überraschen.

37 Besucherbergwerk Schacht 3

Wahrzeichen des Bergbaus

Ein Besuch dieses beeindruckenden Industriedenkmals hält die Erinnerungen an rund 100 Jahre Bergbautradition in Hückelhoven wach und bietet außergewöhnliche Einblicke in die Arbeit der Bergleute.

Adresse
Sophiastr. 30
41836 Hückelhoven
Kontakt
Telefon: 02433/44 26 81
E-Mail: info@foerderverein-schacht3.de
Öffnungszeiten
Anmeldungen für Führungen jeden Donnerstag von 9.00 bis 13.00 Uhr am Schacht oder telefonisch bei Frau Heidi Appelt 0157/85 03 81 81 oder per E-Mail. Außer am Donnerstag sind an allen Tagen Führungen nach Absprache möglich (mindestens 10 Personen, bei den Führungen mit Kaffee und Kuchen oder Erbsensuppe erst ab 15 Personen – Kosten auf Anfrage). Die Führungen dauern 90 Minuten.
Eintritt
€ 3,00 pro Person bei Führungen.
Weitere Informationen
www.schacht-3.de

Von 1908 bis 1997 hat das Steinkohlenbergwerk Sophia-Jacoba der Region industriellen Aufschwung gebracht. Mit bis zu 6.000 Mitarbeitern war es der größte Arbeitgeber weit und breit. Nach der Stilllegung im Jahre 1997 wurde der Förderverein Schacht 3 gegründet, um das Schachtgerüst Schacht 3 als Industriedenkmal und Wahrzeichen der Bergbauepoche zu erhalten. Heute ist der Schacht 3 mit dem Maschinenhaus und der Schachthalle Anziehungspunkt für Schulklassen sowie für Vereine, Wander- und Seniorengruppen. Seit März 2007 ist auch der Barbara-Stollen (70 Meter Strecke, 23 Meter Streb) im Führungsprogramm zu besichtigen.

Heute kann der Besucher das Maschinenhaus, die Schachthalle und den Barbara-Stollen (ein Lehrstreb) besichtigen, der in mehr als 150.000 Stunden ehrenamtlicher Arbeit für die Besucher hergerichtet worden ist. Außen erwartet den Besucher u.a. ein Lokomobil von 1906. Es gibt auch einen Shop im Maschinenhaus, in dem verschiedene Andenken und Geschenkartikel erworben werden können. Der Erlös kommt dem Erhalt des Museums zugute. Auf Wunsch kann vor Ort auch für das leibliche Wohl gesorgt werden.

Eingang zum Barbara-Stollen.

Eine Lore vor dem Streb.

Ein über hundert Jahre altes Lokomobil.

38 Museumswindmühle Breberen

Flügeltechnik der besonderen Art

Dank der Beschaffenheit ihrer Flügel, sie ähneln denen von Flugzeugen, wurde die Mühle 1986 zum technischen Denkmal erklärt. Heiratswillige können hier Kurs auf Wolke 7 nehmen, denn die Stadt Gangelt führt an diesem außergewöhnlichen Ort standesamtliche Trauungen durch.

Adresse
Waldfeuchter Str. 998, 52538 Gangelt-Breberen
Kontakt
Telefon: 02431/97 18 65
E-Mail: windmuehlebreberen@gmail.com
Ansprechpartner: Herr Rainer Bär.
Öffnungszeiten
Betriebstag ist zumeist Samstag, bitte vorab telefonisch oder per E-Mail nachfragen, Gruppen können jederzeit eine Mühlenführung anmelden.

Eintritt
Einzelpersonen frei (um eine Spende für den Erhalt der Mühle wird gebeten), Gruppen € 2,00 pro Person.
Weitere Informationen
www.muehlenverein-selfkant.de

Romantische Abendstimmung.

Die Windmühle wurde bis 1919 betrieben.

Die Museumswindmühle Breberen wurde 1842 von der Familie Ohlenhorst erbaut und bis 1919 betrieben. Danach wurde das Mahlen im Dorf elektrisch weitergeführt. Die Betriebspause dauerte bis 1937, dann wurde die Mühle reaktiviert. Gegen Ende des Zweiten Weltkrieges wurde die Mühle als Artillerie-Beobachtungsturm in Grenznähe benutzt und daher unter Beschuss genommen. 1945 war die Mühle ohne »Hut« und hatte nur noch drei Mühlenflügel. Sie wurde anschließend wieder instand gesetzt, weil ohne Mehl kein Brot gebacken werden konnte. Der Betrieb wurde bis 1961 weitergeführt. 1964 kaufte der Kreis Heinsberg die Mühle und sie diente als Museumsmühle bis zum Weiterverkauf 2004 an die Gemeinde Gangelt. Heute ist die Mühle durch ehrenamtliche Arbeit wieder in Betrieb und kann von Einzelpersonen oder Gruppen besichtigt werden. Den Besucher erwartet eine interessante Führung mit vielen Informationen über das Müllerwesen.

Tipp

Nach der Besichtigung der Mühle freut sich auch das »Café aan de Müehle« auf Ihren Besuch. Telefon: 02454/93 73 14; Öffnungszeiten: Dienstag bis Samstag von 10.00 bis 18.00 Uhr.

Eindrücke des Müllerhandwerks im Inneren.

39 Kleinbahnmuseum Selfkantbahn

Mit Volldampf in die Vergangenheit

Unbedingt einsteigen! Unternehmen Sie eine einzigartige und kurzweilige Reise in die Vergangenheit des Schienenverkehrs. Das Kleinbahnmuseum Selfkantbahn ist nicht nur für passionierte Bahnfahrer ein absolutes Muss.

Adressen
Bahnhof Schierwaldenrath: Am Bahnhof 13a, 52538 Gangelt
Bahnhof Gillrath: Bergstr. 1, 52511 Geilenkirchen
Kontakt
Telefon: 02454/66 99
E-Mail: info@selfkantbahn.de
Ansprechpartner: Herr Markus Kaiser
Öffnungszeiten
Bahnbetrieb ist an Sonn- und Feiertagen von April bis September, Sondertermine (Spargelfahrten,

Frühstücksfahrten, Kinderfest, Teddybärenfahrt, Weihnachtsfahrt und vieles mehr) gemäß Fahrplan im Internet. An den Betriebstagen ist auch die Gastwirtschaft »Zur Selfkantbahn« geöffnet.
Fahrpreise
Erwachsene € 6,60, Kinder bis 15 Jahre € 3,30, Tageskarte Erwachsene € 12,50, Kinder € 6,30.
Weitere Informationen
www.selfkantbahn.de

Mit Volldampf auf der Strecke.

Langsame Fahrt für die Fotografen.

Die Geschichte der Selfkantbahn begann als meterspurige Bahn am 7. April 1900 auf einer Streckenlänge von knapp 38 Kilometern. 1971 drohte das Ende der Strecke, da der Autoverkehr die Bahn in den ländlichen Gebieten immer mehr verdrängte. Damals gründete sich der heutige Förderverein, der die Selfkantbahn auf einem verbliebenen Abschnitt von 5,5 Kilometern betreibt. Auf dieser Strecke gibt es viele seltene Loks und Züge zu bewundern. Den Besucher erwarten sechs Dampfloks, neun dieselbetriebene Loks und viele Personen- oder Güterwagen. Eine Fahrt mit der Selfkantbahn ist ein Erlebnis für die ganze Familie.

Tipp

Auch für das leibliche Wohl ist an den Betriebstagen der Selfkantbahn gesorgt, in der Bahnhofsgaststätte »Zur Selfkantbahn« in Schierwaldenrath. Im Sommer können Sie es sich hier auf der Außenterrasse gut gehen lassen.

Einfahrt in den Bahnhof.

40 Wildpark Gangelt

Tiere hautnah erleben

Europäische Wildtiere in naturnaher Umgebung – im Wildpark Gangelt erwarten die Besucher während eines entspannten Spaziergangs über das Waldgelände wundervolle Natur- und Tiererlebnisse.

Adresse
Schinvelder Straße
52538 Gangelt
Kontakt
Telefon: Park 02454/24 59, Büro 02454/90 90 51
E-Mail: info@wildpark-gangelt.com
Öffnungszeiten
März bis Oktober: 9.00 bis 19.00 Uhr, Einlass bis 18.00 Uhr, täglich Greifvogelschau (außer Freitag) um 15.00 Uhr, in den Ferien (außer Freitag) zusätzlich um 13.00 Uhr, November bis Februar: 9.00 bis 17.00 Uhr, Einlass bis 16.00 Uhr.
Eintritt
Erwachsene € 7,50, Kinder 4–15 Jahre, Schüler und Studenten € 4,50, Familienkarte € 22,50, bei Gruppen ab 20 Personen: Erwachsene € 6,00 und Kinder € 3,50; Geburtstagskinder haben freien Eintritt, Gäste zahlen den Gruppenpreis.
Weitere Informationen
www.wildpark-gangelt.com

Der Wildpark Gangelt wurde im Mai 1969 eröffnet. Das Ziel war und ist es bis heute, die europäische Wildkatze in ihren natürlichen Lebensräumen zu zeigen. In den letzten Jahren ist die Struktur des Wildparks derart verändert worden, dass zur Steigerung des Erlebniswertes im Bereich der Beobachtungspunkte keine Zäune den unmittelbaren Blick auf die Tiere beeinträchtigen. Käfighaltungen sind im

Putzig: Murmeltiere im Wildpark.

Auch Elche erfreuen die Besucher.

Nachwuchs bei den Steinböcken …

Wildpark Gangelt nicht mehr anzutreffen. Europäische Wildtiere, zum Beispiel Braunbären, Wisente, Elche, Rotfüchse, Fischotter, Greifvögel, europäische Wildkatzen und viele mehr, leben hier in ihrer natürlichen Umgebung.

Ein neues Beschilderungssystem vermittelt Informationen über Merkmale und Fähigkeiten der Tiere in drei Sprachen (Deutsch, Niederländisch und Englisch).

Der Wildpark züchtet erfolgreich Nachzuchten bedrohter Tierarten und leistet einen aktiven Beitrag zum Naturschutz. Schon mehr als 50 Uhus wurden nachgezüchtet und in der Eifel ausgewildert. Mit Ausnahme der Falknerei kann ein Hund an der Leine geführt werden.

Tipp

Im Restaurant »Wildblick« im Wildpark Gangelt können Sie sich auf der großen Sonnenterasse mit Blick auf die Tiere eine kleine Erholungspause gönnen. Hier wird Ihnen eine gutbürgerliche Küche mit Wildspezialitäten, Fleisch- und Fischgerichten geboten.

… und bei den Wildschweinen.

Register

Bildnachweis

Agenturberns: S. 6;
Burg Uda: S. 8, 70;
Dorfmuseum Hinsbeck: S. 64–65;
Erstes Niederrheinisches Karnevalsmuseum: S. 44–45;
Gefängnismuseum Willich: S. 72–73;
Geologisches Museum im Schwanenturm: S. 3 links, 9, 12–13;
Heimatmuseum Grieth: S. 17;
Heimatstube Schaephuysen: S. 54–55;
His-Törchen: S. 9, 40–41;
Kamps Pitter Museum: S. 74–75;
Kleinbahnmuseum Selfkantbahn: S. 90–91, Einband hinten;
Museum Bislich: S. 26–27;
Museum »Haus des Bergmanns«: S. 48–49;
Museum Mensch und Jagd: S. 78–79;
Museumswindmühle Breberen: S. 2 rechts, 88–89, Einband Innenseite hinten;
Mühlenverein Dinslaken-Hiesfeld: S. 42–43;
Niederrheinisches Freilichtmuseum: S. 4 links, 66–67;
Rheinisches Schützenmuseum: S. 82–83;
Rheinmuseum Emmerich: Titelbild, S. 15;
Schneider, Joachim: S. 2 links, 3 rechts, 4 rechts, 7, 18–23, 25, 28–33, 35–39, 46–47, 50–53, 56–63, 68–69, 71, 75 oben links, 80–81, 84–85, 87;
Shutterstock/travelpeter: S. 10–11;
SWK: S. 5 links, 76–77;
Wildpark Gangelt: S. 5 rechts, 92–93.

Impressum

Sutton Verlag GmbH
Hochheimer Straße 59
99094 Erfurt
www.suttonverlag.de
Copyright © Sutton Verlag, 2016

ISBN: 978-3-95400-697-7
Druck: Florjančič Tisk d.o.o. / Slowenien
Satz: Sutton Verlag
Übersichtskarte Innenklappe: Ingenieur-
büro Heidi Schmalfuß, München

Buchhinweise

Magische Orte am Niederrhein

20 Touren zu Rittern, Schlössern und mystischen Plätzen

Manfred Schmidt

978-3-95400-712-7
14,99 €

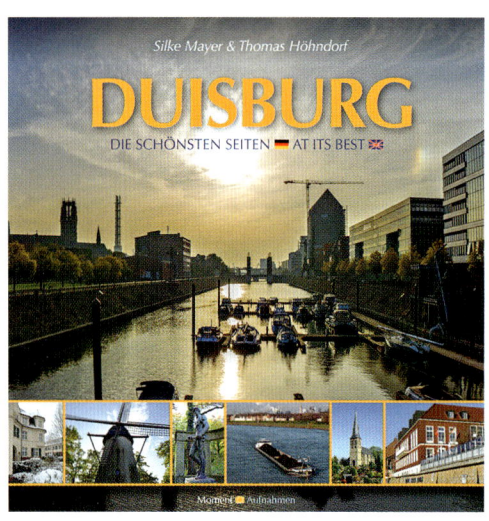

Duisburg

Die schönsten Seiten – At its best

Silke Mayer, Thomas Höhndorf

978-3-95400-238-2
14,95 €